心一堂術數古籍珍本叢刊

書名：《地理辨正補》附姜垚《蔣氏遺書》【新修訂版】
系列：心一堂術數古籍珍本叢刊　第一輯　堪輿類　55
作者：【清】朱蓴
主編、責任編輯：陳劍聰
心一堂術數古籍珍本叢刊編校小組：陳劍聰　素聞　梁松盛　鄒偉才　虛白盧主

出版：心一堂有限公司
通訊地址：香港九龍旺角彌敦道六一〇號荷李活商業中心十八樓〇五－〇六室
深港讀者服務中心·中國深圳市羅湖區立新路六號羅湖商業大厦負一層〇〇八室
電話號碼：(852)67150840
網址：publish.sunyata.cc
電郵：sunyatabook@gmail.com
網店：http://book.sunyata.cc
淘寶店地址：https://shop210782774.taobao.com
微店地址：https://weidian.com/s/1212826297
臉書：https://www.facebook.com/sunyatabook
讀者論壇：http://bbs.sunyata.cc/

版次：二零一五年八月初版
平裝

港幣　　二百八十八元正
定價：人民幣　二百八十八元正
新台幣　一千一百六十元正

國際書號：ISBN 978-988-8316-31-1

香港發行：香港聯合書刊物流有限公司
地址：香港新界大埔汀麗路36號中華商務印刷大厦3樓
電話號碼：(852)2150-2100
傳真號碼：(852)2407-3062
電郵：info@suplogistics.com.hk

台灣發行：秀威資訊科技股份有限公司
地址：台灣台北市內湖區瑞光路七十六巷六十五號一樓
電話號碼：+886-2-2796-3638
傳真號碼：+886-2-2796-1377
網絡書店：www.bodbooks.com.tw
台灣國家書店讀者服務中心：
地址：台灣台北市中山區松江路二〇九號一樓
電話號碼：+886-2-2518-0207
傳真號碼：+886-2-2518-0778
網絡書店：http://www.govbooks.com.tw

中國大陸發行　零售：深圳心一堂文化傳播有限公司
深圳地址：深圳市羅湖區立新路六號羅湖商業大厦負一層〇〇八室
電話號碼：(86)0755-82224934

心一堂術數古籍 珍本 整理 叢刊 總序

術數定義

術數，大概可謂以「推算（推演）、預測人（個人、群體、國家等）、事、物、自然現象、時間、空間方位等規律及氣數，並或通過種種『方術』，從而達致趨吉避凶或某種特定目的」之知識體系和方法。

術數類別

我國術數的內容類別，歷代不盡相同，例如《漢書・藝文志》中載，漢代術數有六類：天文、曆譜、五行、蓍龜、雜占、形法。至清代《四庫全書》，術數類則有：數學、占候、相宅相墓、占卜、命書、相書、陰陽五行、雜技術等，其他如《後漢書・方術部》、《藝文類聚・方術部》、《太平御覽・方術部》等，對於術數的分類，皆有差異。古代多把天文、曆譜、及部分數學均歸入術數類，而民間流行亦視傳統醫學作為術數的一環；此外，有些術數與宗教中的方術亦往往難以分開。現代民間則常將各種術數歸納為五大類別：命、卜、相、醫、山，通稱「五術」。

本叢刊在《四庫全書》的分類基礎上，將術數分為九大類別：占筮、星命、相術、堪輿、選擇、三式、讖諱、理數（陰陽五行）、雜術（其他）。而未收天文、曆譜、算術、宗教方術、醫學。

術數思想與發展——從術到學，乃至合道

我國術數是由上古的占星、卜筮、形法等術發展下來的。其中卜筮之術，是歷經夏商周三代而通過「龜卜、蓍筮」得出卜（筮）辭的一種預測（吉凶成敗）術，之後歸納並結集成書，此即現傳之《易

經》。經過春秋戰國至秦漢之際，受到當時諸子百家的影響、儒家的推崇，遂有《易傳》等的出現，原本是卜筮術書的《易經》，被提升及解讀成有包涵「天地之道（理）」之學。因此，《易・繫辭傳》曰：「易與天地準，故能彌綸天地之道。」

漢代以後，易學中的陰陽學說，與五行、九宮、干支、氣運、災變、律曆、卦氣、讖緯、天人感應說等相結合，形成易學中象數系統。而其他原與《易經》本來沒有關係的術數，如占星、形法、選擇，亦漸漸以易理（象數學說）為依歸。《四庫全書・易類小序》云：「術數之興，多在秦漢以後。要其旨，不出乎陰陽五行，生尅制化。實皆《易》之支派，傳以雜說耳。」至此，術數可謂已由「術」發展成「學」。

及至宋代，術數理論與理學中的河圖洛書、太極圖、邵雍先天之學及皇極經世等學說給合，通過術數以演繹理學中「天地中有一太極，萬物中各有一太極」（《朱子語類》）的思想。術數理論不單已發展至十分成熟，而且也從其學理中衍生一些新的方法或理論，如《梅花易數》、《河洛理數》等。

在傳統上，術數功能往往不止於僅僅作為趨吉避凶的方術，及「能彌綸天地之道」的學問，亦有其「修心養性」的功能，「與道合一」（修道）的內涵。《素問・上古天真論》：「上古之人，其知道者，法於陰陽，和於術數。」數之意義，不單是外在的算數、歷數、氣數，而是與理學中同等的「道」、「理」——心性的功能，北宋理氣家邵雍對此多有發揮：「聖人之心，是亦數也」、「萬化萬事生乎心」、「心為太極」。《觀物外篇》：「先天之學，心法也。……蓋天地萬物之理，盡在其中矣，心一而不分，則能應萬物。」反過來說，宋代的術數理論，受到當時理學、佛道及宋易影響，認為心性本質上是等同天地之太極。天地萬物氣數規律，能通過內觀自心而有所感知，即是內心也已具備有術數的推演及預測、感知能力；相傳是邵雍所創之《梅花易數》，便是在這樣的背景下誕生。

《易・文言傳》已有「積善之家，必有餘慶；積不善之家，必有餘殃」之說，至漢代流行的災變說及讖緯說，我國數千年來都認為天災，異常天象（自然現象），皆與一國或一地的施政者失德有關；下至家族、個人之盛衰，也都與一族一人之德行修養有關。因此，我國術數中除了吉凶盛衰理數之外，人心的德行修養，也是趨吉避凶的一個關鍵因素。

術數與宗教、修道

在這種思想之下，我國術數不單只是附屬於巫術或宗教行為的方術，又往往是一種宗教的修煉手段──通過術數，以知陰陽，乃至合陰陽（道）。「其知道者，法於陰陽，和於術數。」例如，「奇門遁甲」術中，即分為「術奇門」與「法奇門」兩大類。「法奇門」中有大量道教中符籙、手印、存想、內煉的內容，是道教內丹外法的一種重要外法修煉體系。甚至在雷法一系的修煉上，亦大量應用了術數內容。此外，相術、堪輿術中也有修煉望氣（氣的形狀、顏色）的方法；堪輿家除了選擇陰陽宅之吉凶外，也有道教中選擇適合修道環境（法、財、侶、地中的地）的方法，以至通過堪輿術觀察天地山川陰陽之氣，亦成為領悟陰陽金丹大道的一途。

易學體系以外的術數與的少數民族的術數

我國術數中，也有不用或不全用易理作為其理論依據的，如揚雄的《太玄》、司馬光的《潛虛》。也有一些占卜法、雜術不屬於《易經》系統，不過對後世影響較少而已。

外來宗教及少數民族中也有不少雖受漢文化影響（如陰陽、五行、二十八宿等學說。）但仍自成系統的術數，如古代的西夏、突厥、吐魯番等占卜及星占術，藏族中有多種藏傳佛教占卜術、苯教占卜術、擇吉術、推命術、相術等；北方少數民族有薩滿教占卜術；不少少數民族如水族、白族、布朗族、佤族、彝族、苗族等，皆有占雞（卦）草卜、雞蛋卜等術，納西族的占星術、占卜術，彝族畢摩的推命術、占卜術……等等，都是屬於《易經》體系以外的術數。相對上，外國傳入的術數以及其理論，對我國術數影響更大。

曆法、推步術與外來術數的影響

我國的術數與曆法的關係非常緊密。早期的術數中，很多是利用星宿或星宿組合的位置（如某星在某州或某宮某度）付予某種吉凶意義，并據之以推演，例如歲星（木星）、月將（某月太陽所躔之宮次）等。不過，由於不同的古代曆法推步的誤差及歲差的問題，若干年後，其術數所用之星辰的位置，已與真實星辰的位置不一樣了；此如歲星（木星），早期的曆法及術數以十二年為一周期（以應地支），與木星真實周期十一點八六年，每幾十年便錯一宮。後來術家又設一「太歲」的假想星體來解決，是歲星運行的相反，週期亦剛好是十二年。而術數中的神煞，很多即是根據太歲的位置而定。又如六壬術中的「月將」，原是立春節氣後太陽躔娵訾之次而稱作「登明亥將」，至宋代，因歲差的關係，要到雨水節氣後太陽才躔娵訾之次，當時沈括提出了修正，但明清時六壬術中「月將」仍然沿用宋代沈括修正的起法沒有再修正。

由於以真實星象周期的推步術是非常繁複，而且古代星象推步術本身亦有不少誤差，大多數術數除依曆書保留了太陽（節氣）、太陰（月相）的簡單宮次計算外，漸漸形成根據干支、日月等的各自起例，以起出其他具有不同含義的眾多假想星象及神煞系統。唐宋以後，我國絕大部分術數都主要沿用這一系統，也出現了不少完全脫離真實星象的術數，如《子平術》、《紫微斗數》、《鐵版神數》等。後來就連一些利用真實星辰位置的術數，如《七政四餘術》及選擇法中的《天星選擇》，也已與假想星象及神煞混合而使用了。

隨着古代外國曆（推步）、術數的傳入，如唐代傳入的印度曆法及術數，元代傳入的回回曆等，其中我國占星術便吸收了印度占星術中羅睺星、計都星等而形成四餘星，又通過阿拉伯占星術而吸收了其中來自希臘、巴比倫占星術的黃道十二宮、四大（四元素）學說（地、水、火、風），並與我國傳統的二十八宿、五行說、神煞系統並存而形成《七政四餘術》。此外，一些術數中的北斗星名，不用我國傳統的星名：天樞、天璇、天璣、天權、玉衡、開陽、搖光，而是使用來自印度梵文所譯的：貪狼、巨門、祿存、文曲，廉貞、武曲、破軍等，此明顯是受到唐代從印度傳入的曆法及占星術所影響。如星命術中的《紫微斗數》及堪輿術中的《撼龍經》等文獻中，其星皆用印度譯名。及至清初《時憲曆》，置閏之法則改用西法「定氣」。清代以後的術數，又作過不少的調整。

此外，我國相術中的面相術、手相術，唐宋之際受印度相術影響頗大，至民國初年，又通過翻譯歐西、日本的相術書籍而大量吸收歐西相術的內容，形成了現代我國坊間流行的新式相術。

陰陽學——術數在古代、官方管理及外國的影響

術數在古代社會中一直扮演着一個非常重要的角色，影響層面不單只是某一階層、某一職業、某一年齡的人，而是上自帝王，下至普通百姓，從出生到死亡，不論是生活上的小事如洗髮、出行等，大事如建房、入伙、出兵等，從個人、家族以至國家，從天文、氣象、地理到人事、軍事，從民俗、學術到宗教，都離不開術數的應用。我國最晚在唐代開始，已把以上術數之學，稱作陰陽（學），行術數者稱陰陽人。（敦煌文書、斯四三二七唐《師師漫語話》：「以下說陰陽人謾語話」，此說法後來傳入日本，今日本人稱行術數者為「陰陽師」）。一直到了清末，欽天監中負責陰陽術數的官員中，以及民間術數之士，仍名陰陽生。

古代政府的中欽天監（司天監），除了負責天文、曆法、輿地之外，亦精通其他如星占、選擇、堪輿等術數，除在皇室人員及朝庭中應用外，也定期頒行日書、修定術數，使民間對於天文、日曆用事吉凶及使用其他術數時，有所依從。

我國古代政府對官方及民間陰陽學及陰陽官員，從其內容、人員的選拔、培訓、認證、考核、律法監管等，都有制度。至明清兩代，其制度更為完善、嚴格。

宋代官學之中，課程中已有陰陽學及其考試的內容。（宋徽宗崇寧三年〔一一零四年〕崇寧算學令：「諸學生習……並曆算、三式、天文書。」「諸試……三式即射覆及預占三日陰陽風雨。天文即預

定一月或一季分野災祥，並以依經備草合問為通。」

金代司天臺，從民間「草澤人」（即民間習術數人士）考試選拔：「其試之制，以《宣明曆》試推步，及《婚書》、《地理新書》試合婚、安葬，並《易》筮法，六壬課、三命、五星之術。」（《金史》卷五十一・志第三十二・選舉一）

元代為進一步加強官方陰陽學對民間的影響、管理、控制及培育，除沿襲宋代、金代在司天監掌管陰陽學及中央的官學陰陽學課程之外，更在地方上增設陰陽學課程（《元史・選舉志一》：「世祖至元二十八年夏六月始置諸路陰陽學。」）地方上也設陰陽學教授員，培育及管轄地方陰陽人。（《元史・選舉志一》：「（元仁宗）延祐初，令陰陽人依儒醫例，於路、府、州設教授員，凡陰陽人皆管轄之，而上屬於太史焉。」）自此，民間的陰陽術士（陰陽人），被納入官方的管轄之下。

至明清兩代，陰陽學制度更為完善。中央欽天監掌管陰陽學，明代地方縣設陰陽學正術，各州設陰陽學典術，各縣設陰陽學訓術。陰陽人從地方陰陽學肆業或被選拔出來後，再送到欽天監考試。（《大明會典》卷二二三：「凡天下府州縣舉到陰陽人堪任正術等官者，俱從吏部送（欽天監），考中，送回選用；不中者發回原籍為民，原保官吏治罪。」）清代大致沿用明制，凡陰陽術數之流，悉歸中央欽天監及地方陰陽官員管理、培訓、認證。至今尚有「紹興府陰陽印」、「東光縣陰陽學記」等明代銅印，及某某縣某某之清代陰陽執照等傳世。

清代欽天監漏刻科對官員要求甚為嚴格。《大清會典》「國子監」規定：「凡算學之教，設肄業生。滿洲十有二人，蒙古、漢軍各六人，於各旗官學內考取。漢十有二人，於舉人、貢監生童內考取。附學生二十四人，由欽天監選送。教以天文演算法諸書，五年學業有成，舉人引見以欽天監博士用，貢監生童以天文生補用。」學生在官學肄業、貢監生肄業或考得舉人後，經過了五年對天文、算法、陰陽學的學習，其中精通陰陽術數者，會送往漏刻科。而在欽天監供職的官員，《大清會典則例》「欽天監」規定：「本監官生三年考核一次，術業精通者，保題升用。不及者，停其升轉，再加學習。如能黽勉供職，即予開復。仍不及者，降職一等，再令學習三年，能習熟者，准予開復，仍不能者，黜退。」除定期考核以定其升用降職外，《大清律例》中對陰陽術士不準確的推斷（妄言禍福）是要治罪的。《大清律例・一七八・術七・妄言禍福》：「凡陰陽術士，不許於大小文武官員之家妄言禍福，違者杖一百。其依經推算星命卜課，不在禁限。」大小文武官員延請的陰陽術士，自然是以欽天監漏刻科官員或地方陰陽官員為主。

官方陰陽學制度也影響鄰國如朝鮮、日本、越南等地，一直到了民國時期，鄰國仍然沿用着我國的多種術數。而我國的漢族術數，在古代甚至影響遍及西夏、突厥、吐蕃、阿拉伯、印度、東南亞諸國。

術數研究

術數在我國古代社會雖然影響深遠，「是傳統中國理念中的一門科學，從傳統的陰陽、五行、九宮、八卦、河圖、洛書等觀念作大自然的研究。……傳統中國的天文學、數學、煉丹術等，要到上世紀中葉始受世界學者肯定。可是，術數還未受到應得的注意。術數在傳統中國科技史、思想史，文化史、社會史，甚至軍事史都有一定的影響。……更進一步了解術數，我們將更能了解中國歷史的全貌。」（何丙郁《術數、天文與醫學中國科技史的新視野》，香港城市大學中國文化中心。）

可是術數至今一直不受正統學界所重視，加上術家藏秘自珍，又揚言天機不可洩漏，「（術數）乃吾國科學與哲學融貫而成一種學說，數千年來傳衍嬗變，或隱或現，全賴一二有心人為之繼續維繫，賴以不絕，其中確有學術上研究之價值，非徒癡人說夢，荒誕不經之謂也。其所以至今不能在科學中成立一種地位者，實有數因。蓋古代士大夫階級目醫卜星相為九流之學，多恥道之；而發明諸大師又故為惝恍迷離之辭，以待後人探索；間有一二賢者有所發明，亦秘莫如深，既恐洩天地之秘，復恐譏為旁門左道，始終不肯公開研究，成立一有系統說明之書籍，貽之後世。故居今日而欲研究此種學術，實一極困難之事。」（民國徐樂吾《子平真詮評註》，方重審序）

現存的術數古籍，除極少數是唐、宋、元的版本外，絕大多數是明、清兩代的版本。其內容也主要是明、清兩代流行的術數，唐宋或以前的術數及其書籍，大部分均已失傳，只能從史料記載、出土文獻、敦煌遺書中稍窺一鱗半爪。

術數版本

坊間術數古籍版本，大多是晚清書坊之翻刻本及民國書賈之重排本，其中豕亥魚魯，或任意增刪，往往文意全非，以至不能卒讀。現今不論是術數愛好者，還是民俗、史學、社會、文化、版本等學術研究者，要想得一常見術數書籍的善本、原版，已經非常困難，更遑論如稿本、鈔本、孤本等珍稀版本。在文獻不足及缺乏善本的情況下，要想對術數的源流、理法、及其影響，作全面深入的研究，幾不可能。

有見及此，本叢刊編校小組經多年努力及多方協助，在海內外搜羅了二十世紀六十年代以前漢文為主的術數類善本、珍本、鈔本、孤本、稿本、批校本等數百種，精選出其中最佳版本，分別輯入兩個系列：

一、心一堂術數古籍珍本叢刊

二、心一堂術數古籍整理叢刊

前者以最新數碼（數位）技術清理、修復珍本原本的版面，更正明顯的錯訛，部分善本更以原色彩色精印，務求更勝原本。并以每百多種珍本、一百二十冊為一輯，分輯出版，以饗讀者。

後者延請、稿約有關專家、學者，以善本、珍本等作底本，參以其他版本，古籍進行審定、校勘、注釋，務求打造一最善版本，方便現代人閱讀、理解、研究等之用。

限於編校小組的水平，版本選擇及考證、文字修正、提要內容等方面，恐有疏漏及舛誤之處，懇請方家不吝指正。

心一堂術數古籍珍本／整理叢刊編校小組

二零零九年七月序

二零一四年九月第三次修訂

《地理辨正補》附 姜垚《蔣氏遺書》提要

《地理辨正補》六卷。【清】朱蓴撰。清道光十年庚寅（一八三零）刊本。線裝。

朱蓴，字小鶴，浙江桐鄉人。生卒年不詳。後流寓姑蘇（蘇州）。乃清代中葉三元玄空名家，著有《地理辨正補》六卷。傳馮林一等。三元家玄空六派中「蘇州派」以朱小鶴為宗。

朱氏在其著作中并未直言其師承，只強調清初蔣大鴻《地理辨正》中玄空大卦之學，「不得師承……智過千人，亦不能深悉。」不過，我們從《地理辨正補》周鏞序：「朱小鶴丈自其高曾祖父，……獨得師承於平階正傳」。可知朱氏之玄空乃承家學。至於朱小鶴高曾祖父之師承，在《地理辨正補》書後方介邱跋詩中也以隱言透露，云：「青雷赤電久已仙，杜陵絕學誰氏傳。」此二句是說朱小鶴祖上是師承杜陵(蔣大鴻)之絕學，祖師是青雷、赤電二人。據三元家玄空六派之一「無常派」秘本《章仲山挨星秘訣》(輯入〈心一堂術數古籍珍本叢刊．堪輿類．無常派玄空珍秘系列〉，經已出版)，「無常派」宗師章仲山屬於蔣大鴻嫡派真傳，云源自姜垚一脈，中歷張右雷、姚赤電二代，章氏於乙卯(一七九五)年得傳。其中，「張右雷、姚赤電二代」，與朱氏書後跋所言「青雷赤電」祖師，大致相同。而朱氏書中又輯有《蔣氏遺書》二篇，云是傳自姜垚。朱氏書中之北斗七星打劫訣法，亦與「無常派」秘本《章仲山挨星秘訣》中傳自姜垚之北斗七星打劫訣法相同。可以推論，三元玄空六派中「蘇州派」祖師朱小鶴，與「無常派」宗師章仲山，同據稱源自蔣大鴻門人姜垚一脈，中歷青(右)雷、赤電二代而分支。

《地理辨正補》書成於嘉慶十五年（一八一零）。卷六後原附刊清裘晉齋撰《地理說略》一卷(因體系不同，今重刊時已刪略此部份)。此書為朱氏晚年之作，朱氏謂：「余自究心以來，講書十年，遊學十年，閱歷十年。始知推求其是，印證其非。」可知朱氏以其三十多年之心得去完成《地理辨正補》一書。

朱氏精天星、曆算之學，《地理辨正補》中即以天文、曆法詮釋元運(大三元及小三元)，又據清初陳厚耀《天元曆理》，以中華上下四千年配以大三元運、小三元運及卦象，以證成紫白卦運。書中論平洋：「蓋元(玄)空大卦，以內卦陰卦實地山向來龍為主，而後辨水神以定卦耳。」論零正：「時師只知來龍為正神，水為零神；而不明主運中卦為正神，旁爻為零神。」以及「挨星訣」、「四十八局」等，皆與今天流行的三元玄空學說不儘相同。又以玄空大卦解《催官篇》、《司馬頭陀水法》等。

書中所輯之《蔣氏遺書》二篇，云是傳自蔣大鴻門人姜垚，未見他書有載，是很珍貴之三元家玄空資料。朱氏註《蔣氏遺書》水龍訣時，言以陽爻九年、陰爻六年配後天之水龍運法。書中是兩種元運并用，一是主二十年之三元九運，另一又依卦爻而排年運(二元八運)，是公開刊刻的書籍中首見，此應與《秘傳河圖精義》(題唐　雲著、孫也山註，書成當在道光朝之前，輯入〈心一堂術數古籍珍本叢刊・堪輿類・蓮池心法・玄空六法系列〉：《姚氏地理辨正圖說》附《地理九星并挨星真訣全圖》、《秘傳河圖精義》等數種合刊)，及同治十三年(一八七四)劉杰於《地理小補》所述之玄空六法，或有淵源。

朱小鶴《地理辨正補》雖為三元家玄空六派中「蘇州派」中之重要典籍，可是時至今日，坊間已無流傳，習三元玄空之道者但知其名而俱未見其書。為令此書不致湮沒，特以最新技術清理、修復版面精印，一以作術數資料保存，一以供同道中人參考研究。

序

易曰仰以觀於天文俯以察於地理詩曰相其陰陽考工記曰凡天下之地埶兩山之間必有川焉大川之上必有涂焉又曰凡溝逆地防謂之不行水屬不理孫謂之不行漢志有堪輿家注曰堪

天道與地道合經傳史注知蓋言地者必驗於天是故談龍穴砂水而參三元理氣者其道不完理卦理象即郭景純經所云葬乘生氣之氣三元則黃帝所制甲子三周百八十年上中下之說蓋凡天下事未有

不合天時地利人和而朱者自郭公逮唐末楊公筠松作天玉經並吳廖賴代傳其學又逮明蔣公平階著地理辨正以正為人誤註天玉經之失厥功偉矣顧其爲書義旨簡奧仍似秘惜其說不輕示人而術士家大半不能爲

讀儒書先究天人之理至乃憑臆
忌測則於天至經而誤者得地
理辯正而益誤桐鄉朱小鶴丈自
其高曾祖父多擢第能游庠後
為其先人葬地經營研究獨得
師承於平階子倩之盛清臣師深
恐一誤再誤之餘殃先賢若心救

人之書反為惑世殃民之術於是作地理辨正補為蔣氏之高足即為楊氏之功臣余竊讀其書而歎習焉不察為學人通病此書紀但於地理有裨天文有補於經於史莫不發有知新之益夫夏祀四百商祀六百周祀八百續古相傳

竹書紀年人人習見而為未考商家下世竟不滿五百年小鶴援浙禾徐氏圃臣天元歷理全書詆劉歆造三統歷商周間增多百八十年原於簡編殘缺不知該年為平王加武斷取其三元甲子之為截然整齊不知天道幽渺矣

刻不容增減，安有不知其氣，臆測空增而曰天人脗合古今無間者哉。今人所援不過史記、劉歆三統歷、帝王世紀、竹書紀年、皇極經世。前輩於三統歷不能無差，司馬、皇甫、邵子之書亦參差不合，竹書晚出，人所爲僞，是以不入品題由今言之則當周之紀年家爲莫如三統家爲莫如竹書今據以周世言之孟子後次者當左報至世莫援諸書久過八百而云七百有餘歲唯以竹書核實則當少三數十年此證之經而可信者也圖注推算者證而後三元理

氣歲差明確小鶴又患人不求之巒頭而但求之元運是爲水煞空鐺又患株守陳編不知通變如楨公僅發篇所援皆當附之星宿而援以斷此日之吉凶則必至拘害人而後已又蔣氏每言水龍而今人援以斷山龍則山水陰

陽正自相反失其旨而誤用其書既害人而并集矢於著書之前哲可乎是書繪圖系說於蔣氏種種補注簡者詳奧者顯於天玉經僅發篇及其他山龍水法平正無病者一一採入洵可謂知無不言言無不盡者矣惟小鶴世

讀儒書是以能精術學余不頌小鶴以小鄒之志猶古人之志也妄庸頌序之而已

道光九年八月下澣上元同學

愚弟周鏞拜手

自敘

前乎我者有古人我不得而見也繼乎我者有後人我不得而見也古人不得見而古人之書則可讀也讀其書論其世而古人之行以知古人之心亦以知則古人雖不我見而我已見古人矣夫我之所以能見古人者由古人之書之有以留遺于今也則我今不得見後人矣我獨不可以古人之心爲心而亦以書留遺于後人使後人之見我亦如我之見古人哉我既欲以古人之心爲心而思以書留遺于後使後人見我則必我之書

有關于養生送死而爲生民日用之所需而後可夫事之有關于養生送死爲生民日用所需者莫地理若也葢地理之學係治明理幽之常經孟子所謂可以當大事者此也然而道兼陰陽源根河洛非極深研幾胸無罣礙者不能一以貫之古今來形家之書汗牛充棟言人人殊惟蔣杜陵地理辨正一書縷析條分理明詞達顧書中有先賢所秘不敢輕洩學者得訣自悟等句遂滋後人之疑而後人又不能深造而自得也于是各師其說源遠流分支離傳會致蔣氏之書日晦書日晦而

堪輿之傳不絕如縷者不幾于熄乎因摭拾陳編偕增註釋啟前人之閫奧卽以補是書之緒餘嗟嗟地理云者固自有其理在也蔣之辨正也辨舉世之溺惑于方位五行生旺墓絕而斥之于理之所本無余之補辨正也辨舉世之瞀亂于專尚三元陰陽差錯而衷之于理之所固有是是非非以理辨者以理補庶幾蔣氏之書以明而蔣氏之心亦明矣蔣氏之心明而我書或可以上見古人而下遺後人乎則我不敢必也願與海內之明理者共正之旹

嘉慶十五年歲次庚午孟春月梧桐鄉朱蕁小鶴氏自敘

發凡

世以地理辨正一書爲半含半吐未露金針此大惑也夫讀辨正而不得師承不知三卦到頭終屬暗中摸索縱閱覽博物智過于人亦不能深悉其隱也若能識到頭則青囊經補傳天玉寶照諸註業已剖析詳明毫無隱秘茲集申明體用一源之妙已漏出蔣氏奧旨讀者從此會心便可讀辨正矣故曰補

辨正闢平沙玉尺指二劉爲託名僞撰三合四生四大水口淨陰淨陽黃泉八曜諸理氣均屬訛謬而今言大

元運卽是大三合有疑爲與辨正相背者不知蔣氏所闕俱俗師妄註玉尺字字眞詮蔣氏難以顯告世人使天機盡洩不得已提出本主與隆殺曜變爲文曜龍身徵賤牙刀化作屠刀四語謂是沙中之金若中之玉實則一部玉尺以此四句爲骨髓可見吉非恒吉凶非恒凶書中所謂生旺墓絶黃泉八曜諸水法均非死殺方位亦非從水之來去立論如時師所傳之三合也蔣氏旣取此四句則經文原非僞造矣

盡信書則不如無書晉唐至今幾經兵燹文獻無徵宜

其傳訛乃蔣氏之書當時已屬半僞辨僞文云三吳兩浙都有自稱得僕眞傳以自衒鬻者亦有自撰僞書指爲僕之秘本以瞽惑後學者如天元五歌妄加玉函眞義之名又僞撰遊洞天遇眞仙諸誕語一序非儒者之言歌中詞句亦多改竄如平洋交度錦添花今作平原春到好栽花上文並未說到理氣此句專貼元運講矣讀本文自明豈有眞八手澤存今作惟有天玉是眞經出韻矣蔣生二十慈親喪等句原本並無是語太極篇係青田之書平洋千金訣醒心篇定卦篇均係蔣氏門

人所撰黃白二氣乃逆水行龍之說俱訛入天元餘義後人不得原本誤認改竄依託之詞為杜陵之書杜陵受誣矣是不可以不辨

世傳地理辨正註一冊互相抄襲奉為至寶不輕示人余見其註係屬謬妄夫一部辨正先有父母子孫三卦青囊序所云一生二二生三是也而後有江東江西江南北三卦天玉經第一節是也父母子孫三卦為大體萬物一太極也江東西南北三卦為小體物物一太極也太極而後臨制八方體立用行也註辨正而不知三

卦到頭眞訣生成至理則本原已昧體用不明于坤壬乙巨門從頭出八神四個一四個二父母陰陽仔細尋六建分明號六龍隔向一神仲子當乾坤艮巽脈過四陰陽差錯敗無窮等處安能剖析詳明而不錯解背註耶一錯百錯難以枚舉略述數端以見一斑

地理原本天星古人之書皆合天文而作今歲差日甚斗建既移天星安得如昔形家以舊說爲人造福竟有禍不旋踵者深可憫焉故集中先列斗綱三合九氣流行三統理治斗建差法考以闡發地理配合天星實孝

子慈孫之一助也

學問之道無窮無盡知之為知之不知為不知不容有毫髮勉強蓋見得一分方說得一分明白見得十分方說得十分明白功夫到桶底脫時始見知真確毫無疑義自然說得透徹有左右逢源之妙若學力有一分未到則窒礙尚存中無定主縱說得詼奇不免為明眼人覷破啞然失笑耳

理莫大于生死葬者死之終生之始也理不可見而徵之于氣氣不可知而徵之于形理以形存氣以形著氣

有生死形亦有生死陽生陰死動生靜死聚爲生散爲死和緩爲生剛急爲死生生死死悉見乎形此理本極平易極顯亮爲人人之所共見共聞而非有艱深隱秘也世之習堪輿者非尙三合卽究三元不問其形之邪正曲直水之經緯去來及情意向背竟將方位卦氣生死衰旺揑成一塊而名之曰理氣是舍形以求氣而無氣可徵舍氣以言理而無理可信此至道之所由錮蔽益深曲學之所以溺惑益甚也今書中洗發古人之書返本窮源言言醒豁欲與天下仁人孝子劈破疑團共

明此生死之理而不爲曲學旁門之所惑特不堪爲專計禍福而不務窮理者贈也

世傳堪輿之書此吉彼凶紛如聚訟總由至理未明故玉石互陳瑕瑜雜出古今來是非邪正能辨者鮮矣蔣氏獨任仔肩出而辨正洩三卦眞詮本以救世乃流傳旣久訛謬自生專尙三元含體言用是齊其末而不揣其本也使不窮源溯流則貽弊益無窮矣于是集所見之書附以論註儻得少補于將來而彼岸同登則知我罪我必有其人矣實深跂望焉

地理辨正補目錄

卷之一

太極陰陽圖

河圖

洛書

伏羲八卦圖

文王八卦圖

斗綱三合圖

斗杓主運圖

三統三合圖
山龍陰陽相生變化之圖
山龍小運圖
水龍三合四生圖
四大水口圖
黃泉八煞圖
龍上八曜圖
大元空生成圖
挨星總局九圖

山法一隅圖
撥砂法
撥砂盤式
水法一隅圖

卷之二

天星世運
歷代紀年表
歷家積年甲子異同辨

卷之三

葬經七篇補傳

定卦章

形炁章

交媾章

生克章

龍行章

穴法章

砂水章

卷之四

靈城精義補註
形氣章
理氣章
發源章
卷之五
天玉經外傳
上中下三篇補註
金口訣
三篇補註

催官篇補註十則
司馬頭陀水法解補註七則
蔣氏遺書二篇
山龍訣
水龍訣
卷之六
客窗偶筆十一則
跋詩

地理辨正補目錄終

地理辨正補卷一

桐鄉朱　蕘小鶴手輯

太極陰陽圖

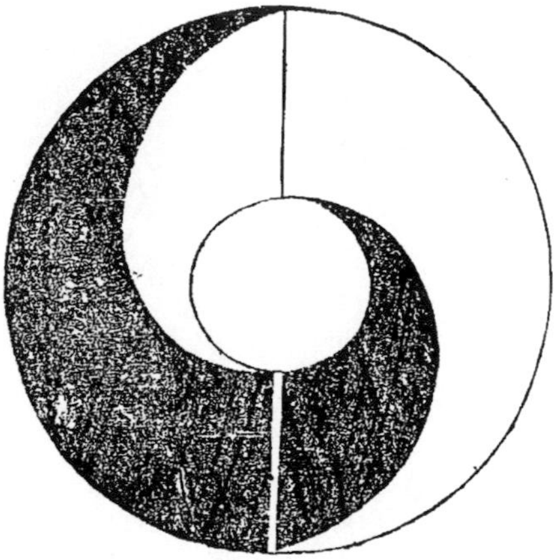

中爲太虛混然元氣陰陽未判自分陰分陽老少動靜流行嬗化而生萬事成萬物此一生二二生三之定體也萬物一太極物物一太極風水元空之義其如示諸斯乎是圖名太虛圖瞿塘來氏所定

河圖

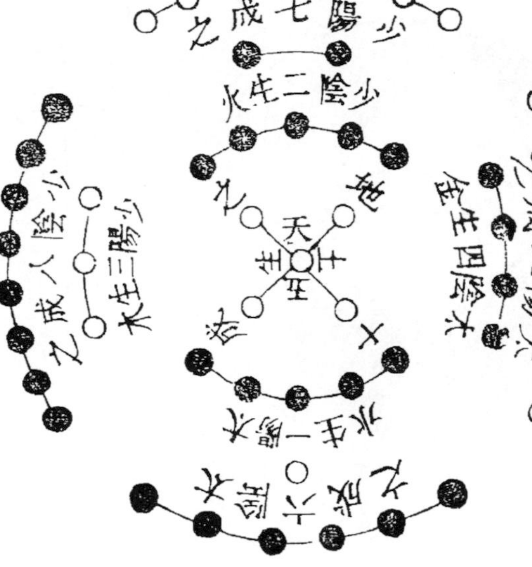

河圖圓圓者星也紀歷之數光于此洛書方方者土也畫州井地之法仿于此

一六在下。二七在上。三八居左。四九居右。五十歸中。天一生壬水。地六癸水成之。地二生丁火。天七丙火成之。天三生甲木。地八乙木成之。地四生辛金。天九庚金成之。天五生戊土。地十己土成之。水火木金土。先天之數也。一六同宗。二七同道。三八爲朋。四九爲友。五十同途。俱有五在內。葢無土不成也。配先天之卦。對待生成之體也。

洛書

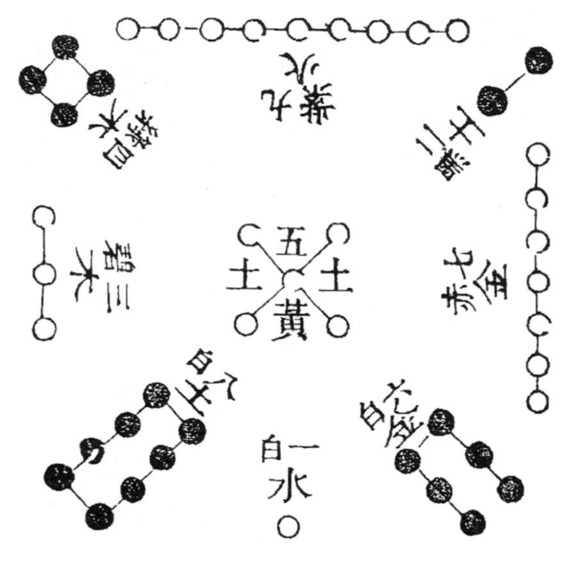

先儒咸以九爲圖十爲書者。泥於數之奇圓偶方也。不知偶本圓而奇本方也。蓋河圖上下初分。未有四方。生成定位。一奇一偶。故數十而圓也。洛書中五立極。四極劃然。以一臨八。故數九而方也。西山蔡氏。得邵子眞傳。與朱子再三往復辨論。朱子五十一歲後。始悟其旨。爲之改正。

戴九履一。左三右七。二四爲肩。六八爲足。五居中央。四正奇數統四維偶數。而各居其所。一對九。二對八。三對七。四對六。連中五而各合十五。一得五爲六。而與南方之九迭爲消長。四得五爲九。而與西北之六迭爲消長。三得五爲八。而與西方之七迭爲消長。二得五爲七。而與東北之八迭爲消長。亦各合十五。故合十合五。流行消長之氣機也。洛書配後天之卦。爲入用之本。

伏羲八卦圖

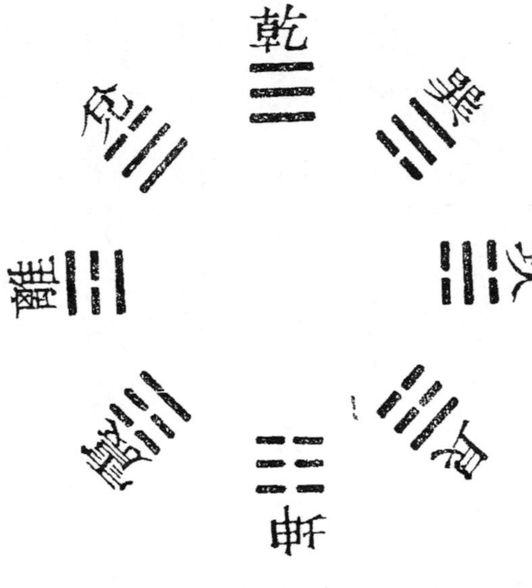

乾 ☰
巽 ☴
坎 ☵
艮 ☶
坤 ☷
震 ☳
離 ☲
兌 ☱

天地定位山澤通氣雷風相薄水火不相射數往者順知來者逆自乾至兌離震爲順自巽至坎艮坤爲逆一對八合九二對七合九三對六合九四對五合九具陰陽摩盪之象

文王八卦圖

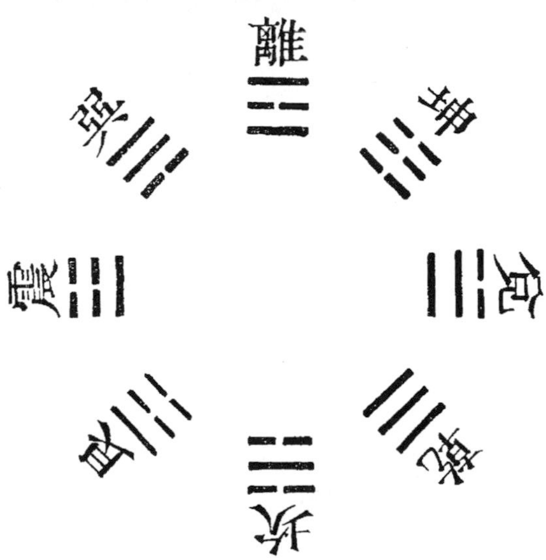

離 坤 兌 乾 坎 艮 震 巽

帝出乎震。齊乎巽。相見乎離。致役乎坤。說言乎兌。戰乎乾。勞乎坎。成言乎艮。四時流行。循環周徧。其始無始。其終無終之化機也。泥于方位執定陰陽便屬謬解。

斗綱三合圖

天官書曰北斗七星所謂璇璣玉衡以齊七政杓攜龍角衡殷南斗魁枕參首用昏建者杓杓自華以西南夜半建者衡衡殷中州河濟之間平旦建者魁魁海岱以東北也角在辰參在申三合之中子爲正子生于申墓於辰也循環上下午卯酉三處亦然故謂之四正四正不離三合以杓辰魁申合在子杓卯魁未合在亥杓巳魁酉合在丑杓午魁戌合在寅斗星皆全見于天故寅丑子亥爲天統得爲歲首也其餘杓申魁子斗必入地不全見故爲地統人統不得爲歲首故以昏旦夜半變

通之爲三建法○孟康註曰假令昏杓建寅衡夜半亦建寅近世歷家楊邦慶亦引此作天文志序安肅邢氏更爲演之曰雨水後日躔于亥斗杓昏刻指寅斗衡夜半指寅斗魁平旦指寅以次卯月辰月皆然案斗魁在申斗衡在于斗杓在辰天運左旋自子入丑入寅如昏杓指寅衡在杓之左夜半杓入卯辰則衡退而入巳入午矣焉得復指寅乎至于平旦杓指申魁且入酉戌矣日躔右轉月建左行焉得昏杓指寅夜半衡指寅平旦魁又指寅如此註家直同夢語無論東西易位順逆顛

倒直將古聖人用昏用旦之制度一概埋沒天道魁杓出政之大原盡置糊塗眞可發一笑奈何千七八百年無人解此并無人知孟康之誤而詹詹以此爲談天之柄皆由浸潤于劉歆三統之說此諸儒之所以多謬解也今圖象具在惟明理者審之

徐圃臣斗建考

斗杓主運圖

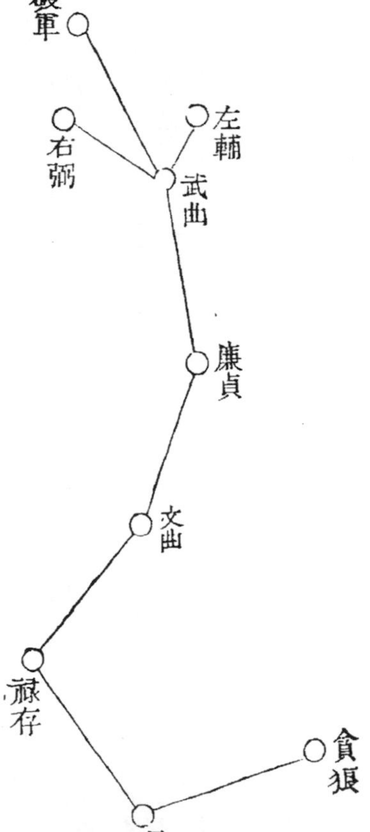

斗建斡旋天地出政司令化爲九氣下行于地四時萬物由是而成此揆星元運九曜飛旋之源也天官書曰天運三十年一小變百年中變五百年大變三大變一紀三紀而大備爲國者必貴三五黄帝問鬼臾區五運之主時也鬼臾區曰臣積考太始天元冊文曰太虚寥廓肇基化元萬物資始五運終天布氣眞靈總統坤元九星懸朗七曜周旋曰陰曰陽曰柔曰剛幽顯既位寒暑弛張生生化化品物咸章臣斯十世此之謂也斗四星方形爲魁三星直指爲杓魁第一星曰天樞去極二

十三度半八張宿九度第二星曰天璇去極三十度八張十二度半第三星曰天璣去極三十度八翼十三度第四星曰天權去極二十三度八翼十七度第五星曰玉衡去極二十八度八軫十二度半第六星曰開陽去極三十度八角四度少第七星曰搖光去極三十五度八角九度又一星曰弼在第七星右不見又一星曰輔在第六星左去極三十度入角三度常見所以佐斗成功也。

三統三合圖

卽歲差分金也現在人統第三建斗杓入戌偏西三度爲歲差所在

漢志云天統之正始于子半日萌色赤地統受之丑初日肇化而黃至丑半日芽化而白人統受之寅初日孽成而黑至寅半日生成而青漢用四分法未知歲差劉氏增年大失疇人之法劉歆因秦之建亥而改三統三建之制實係傅會朱子云康節分十二會每會一萬八百年天開于子爲一會地闢于丑爲二會人生于寅爲三會竊用西法推算歲差邵子之元會第一會一萬八百年之終冬至子之半日在婁婁不在子舍二會一萬八百年之終冬至子之半日在氐氐不在丑舍或云氐

前有丑二會在一萬八百年之中似矣而三會一萬八百年之終日在昴昴不在寅舍即取三會之一萬八百年而統計之並無日在寅之舍徐圃臣云邵子之元會運世以堯舜爲中天寓世道升降之感非眞天開于子地闢于丑人生于寅也天元甲子夜半冬至日躔軫九之初即太陽在子宮之中也其上直斗之玉衡故曰夜半建者衡乃天元之象自軫九右行三十度得亢末氐初即斗杓所在入亥中其上直攝提天門之下帝座向亥故亥爲天門先天易乾卦起亥十二支起子終亥值

年禽星起氐終亢皆從天門帝座左右分命所始乃天皇氏天統之始也自此左旋右差凡千八百八十七年而斗建退一宮仲冬建子而亥而戌而酉則孟春建寅而丑而子而亥凡七千五百四十九年而歷四建爲一統則斗衡將入申矣初爲天統次爲地統斗衡在申則斗魁在酉夜半斗魁在酉則平旦斗魁又在子故曰平旦建者魁乃地統之象于時夜半星張在酉虛危在卯房心在午畢昴在子乃以列宿所值爲分野則星張爲周虛危爲齊房心爲宋畢昴爲趙帝座向申申爲地戸

中天易歸藏起坤。萬物皆傳送于坤。此地皇氏所以理治也。自此又七千五百四十九年。而歷四建。終一統。則斗魁又入申矣。平旦斗魁入申。則黃昏斗杓又當入子矣。故曰黃昏建者杓。乃八統之象。于時夜半。斗牛女虛在北。狼弧注張在南。以制禽之法。爲司祿司命。而帝座向卯。卯爲八月。後天易帝出乎震。萬物皆茂于震。此八皇氏所以理治也。三統各理一治。而其象皆定于天元之夜半。是以天元爲三皇出治之始。三統凡二萬二千六百四十六年爲一運。而星度復初。理與數相符。萬古不變皆實有可據者現在歲差冬至子之半日在箕一較之堯時冬至子之半。日在虛七。已移易五宿相隔六十四度。堯時之子午。至今而已爲戌辰。三代以前之寅午戌局。至今而已爲申子辰矣以無定之天配一定之地而向立焉是爲大元運。蓋地氣以順天爲用因斗綱有杓衡魁三星弔合三方故測地之卦氣先天五行爲定體。一方爲來脈。一方爲出脈。一方爲胎息此眞正三合也豈世俗所傳生旺墓之爲三合哉。

天統冬至日躔軫八度一整。就斗衡在軫八度正值子之中。故爲仲冬月建子。月建左旋。則孟春宜建寅矣。故曰夜半建者衡。

地統。冬至日躔畢八度三。距魁在星初六十二度。平旦畢宿入卯初。則魁首正值子中。又爲仲冬建子。孟春平旦又建寅矣。故曰平旦建者魁。

人統。冬至日躔女三度六。距杓在亢四九十六度。黄昏女三入酉中。則杓星正值子中。又爲仲冬建子。孟春黄昏又建寅矣。故曰黄昏建者杓。地理原本天星。斗建既移。天星安得不變。以上天無定之星體。配大地有定之方隅。此即大元運大元空大三合也。嘉慶二十四年巳卯。天正冬至。甲子日夜子時初初刻推至天元四甲子。共得八萬六千五十六年。共得一千四百三十四甲子。積日三三百十四億三萬九百有三十七日餘○四一七六五。嘉慶九年甲子翼宿值年領局。巳卯年禽星。壁宿值年。

山龍陰陽相生變化之圖

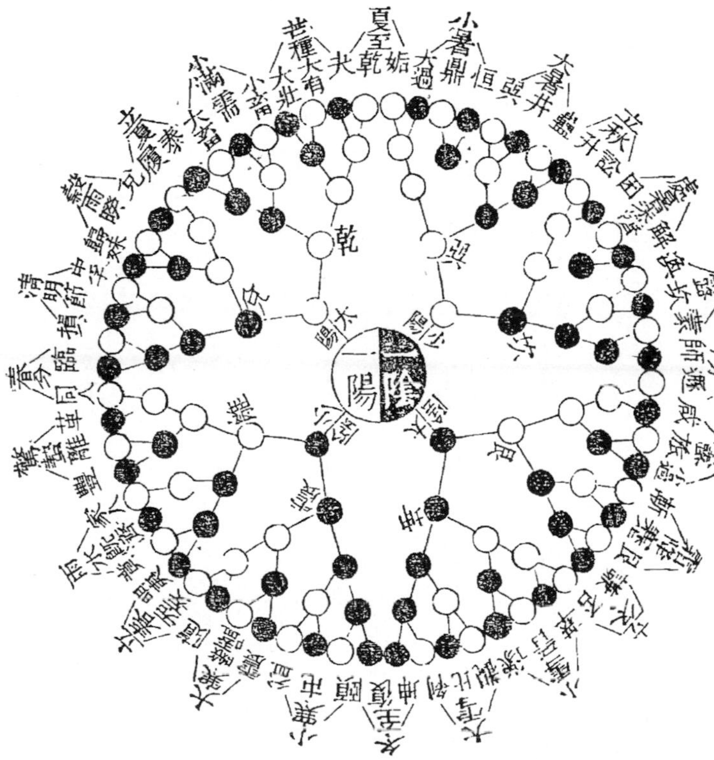

此山龍卦運圖。即邵子所傳先天六十四卦之圓圖也。乾坤往來而生六子。六子往來而生六十四卦。一陰一陽。兩兩相對。列之則如雁行。序之則若魚貫。而四時五行。流行嬗化。運至則無物不生。未至則寂然不動。水流山峙。均在絪縕之中。惟是水性動。動則從後天卦氣。山性靜。靜則從先天卦運。世俗所傳凈陰凈陽左旋右旋諸說。直是未曾夢見。考堯得天地之中數。值人統第一建。天運始于此。起復卦初爻。按節推排。至前明崇正三年庚午。正月入八統第三建。斗杓建戌未。坤卦統局。否卦主運。現在嘉慶九年甲子。火地晉卦主運。雷地豫卦爲進運。仍是坤卦統局。統局之卦管四十五度。分佈八卦。初浚九十年。中六卦六十年。統計五百四十年。一卦也。

山龍小運圖

山龍全在形局團聚脈眞穴的後天卦氣不得而囿之須先後相配故正結大地之運從伏羲方圓卦位此圖係小運二十年一運卽蔣氏遺書山龍訣也現在七赤則震龍當旺四正與水龍相反者水收天氣山收地氣也四維則從本卦凡非正結之地如流神砂濊峽結奪總諸穴均從此小運若山已落平或近水口低田見大水及平原地龍脫刼出洋諸穴又當乘水龍之運以山爲水制天尊地卑地順承天也

水龍三合四生圖

先天主天後天主日元子繼父行政司令秉時化育萬物也帝出乎震震東方也其日甲乙十日並出用實首震故以甲爲首數起于一天一生水子爲地支之首大撓作甲子以紀年排五運推六氣皆從子正起筭故坎配甲對庚庚數九九爲火位日生于東月明于西東丙西壬水火既濟陰金乾位老亢之鄉柔木巽方暢茂之候二火傳送于坤八水肇成于艮自具生成妙理甲亥乙午丙寅丁酉戊日己月庚巳辛子壬申癸卯此三合五行之四生也

四大水口圖

乙丙交而趨戌辛壬會而聚辰牛斗納丁庚之炁金羊收癸甲之靈此希夷先生八大水口之四局也甲癸乙丙辛壬丁庚天根月窟夫婦生成如非眞正配偶即爲陰陽差錯挨星丙戌壬辰庚丑甲未經四位而起父母也其乙申辛寅丁亥癸巳尚有四局則不獨四水口實八水口也甲庚丙壬俱屬陽順推五行詳乙辛丁癸俱屬陰逆轉輪五行四維四正順逆不同雌雄各異俗註順逆長生歸于四墓失玉尺本意訛謬殊甚故蔣氏闢之

黃泉八煞圖

庚丁坤上是黄泉。坤向庚丁不可言。乙丙須防巽水先。巽向乙丙禍亦然。甲癸向中憂見艮。艮見甲癸禍百年。辛壬水路怕當乾。乾向辛壬禍漫天。上句言正神在向之凶。下句申明即在零神隔向中。而正神落空。其禍同也。此向字。並非立向朝向之向。俗師註錯。故訛謬耳。辛入乾宮百萬庄。癸歸艮位發文章。乙向巽流清富貴。丁坤終是萬斯箱。此言向上乘時當旺富貴也。乾坤艮巽天然穴。水來當面是眞龍。蔣氏豈不知之。特先賢秘密不敢輕泄耳。

龍上八曜圖

坎龍坤兎震山猴。巽雞乾馬兌蛇頭。艮虎離猪爲煞曜。墓宅逢之一旦休此卽罡刼弔煞也罡刼者斗綱逢五打刼也。弔煞者卽罡刼正煞之三合弔照也。如乾六爲坎一之逢五。正煞六七八九一逢五也。辰爲六之對待。故坎以辰爲煞曜。坤以卯爲煞曜震以申爲煞曜也。其四六七八九。以酉午巳寅亥爲煞曜者係三合弔煞也。煞旺之時。兌卦中。坤龍震水向則能制本龍煞氣。反見榮昌。故曰煞方添甃反爲榮也。俗註非。

大元空生成圖

午二
丁八
未三
坤九
申二
庚八
酉四
辛七
戌二
乾六
亥四
壬七
子一
癸九
丑四
艮六
寅二
甲九
卯三
乙六
辰一
巽七
巳三
丙七
庚
丁
壬
辛
甲
癸
丙
乙

在天成象在地成形而變化見方以類聚物以羣分而吉凶生夫九宮八卦十二辰皆生於數其氣自相往來五行既以類聚而成方二氣卽以羣分而成物故子午卯酉以四正而統四隅之數乾巽艮坤以四隅而統四正之數正隅之數相通則一可爲萬萬可歸一變變化化並出於數之自然而然而生成相得陰陽有合以之辨龍立向收攝砂水無不可以定吉凶而審趨避矣此元空之眞諦也

挨星總圖

第一圖

貪 祿 輔 弼 巨 武 文 廉

子 癸 丑 艮 寅 甲 卯 乙 辰 巽 巳 丙 午 丁 未 坤 申 庚 酉 辛 戌 乾 亥 壬

第二圖

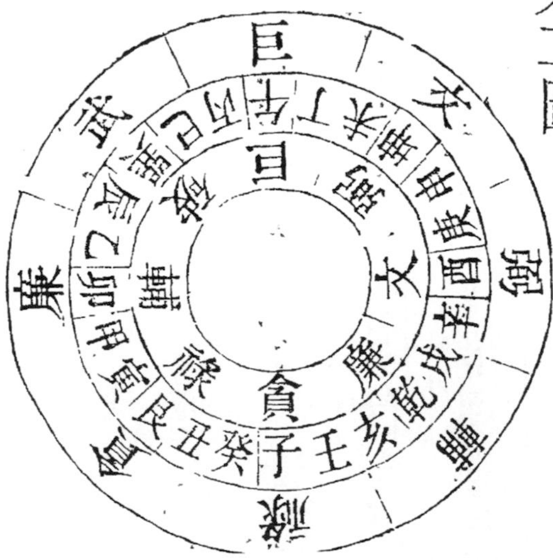

巨 文 弼 輔 祿 貪 廉 武

子 癸 丑 艮 寅 甲 卯 乙 辰 巽 巳 丙 午 丁 未 坤 申 庚 酉 辛 戌 乾 亥 壬

第三圖

祿 廉 貪 弼 文 巨 武 破

丙午丁未坤申庚酉辛戌乾亥壬子癸丑艮寅甲卯乙辰巽巳

祿 貪 廉 武 巨 文 弼 輔

第四圖

文 武 巨 貪 廉 弼 破 輔

丙午丁未坤申庚酉辛戌乾亥壬子癸丑艮寅甲卯乙辰巽巳

文 巨 武 破 祿 廉 貪 弼

第五圖

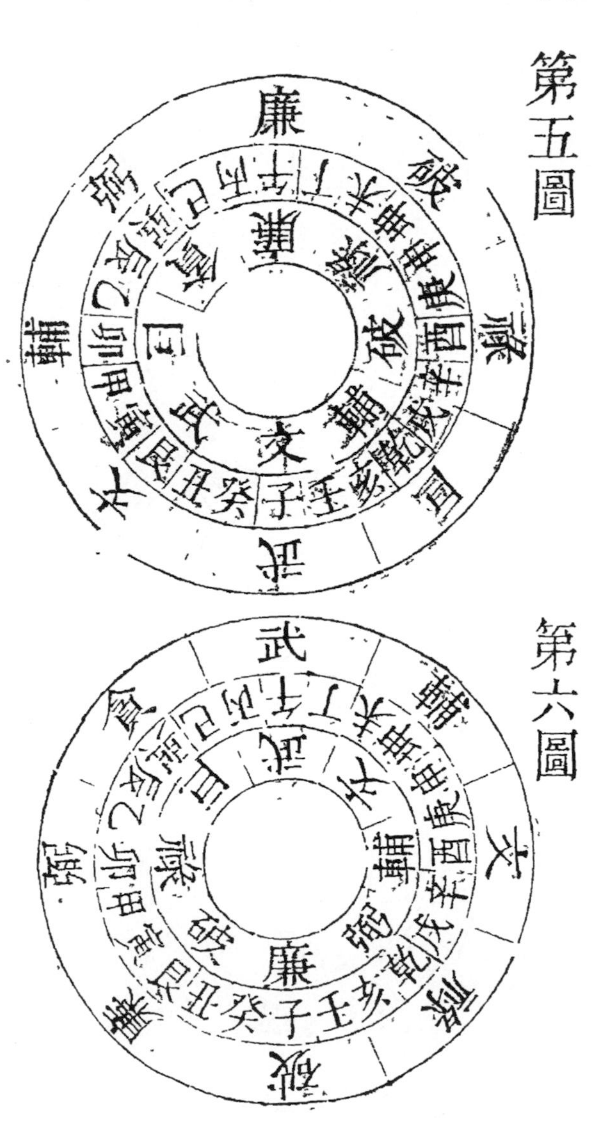

第六圖

第七圖

第八圖

第九圖

弼 巨 破 武 貪 輔 祿 文

丙 午 丁 未 坤 申 庚 酉 辛 戌 乾 亥 壬 子 癸 丑 艮 寅 甲 卯 乙 辰 巽 巳

弼 破 巨 祿 輔 貪 武 廉

此九星順逆輪挨之總圖也。一白貪狼。二黑巨門。三碧祿存。四綠文曲。五黃廉貞。六白武曲。七赤破軍。八白輔。九紫弼。依九宮之次輪挨。訣曰。貪巨祿文曲尊巨祿文。廉武星。祿文廉武破軍。文廉武破輔眞貪司權到廉貞。四維朝。太極明。廉武破輔弼臣。移龍墀。弼曰君武破輔。弼復生。破輔弼貪是臣。輔弼貪到巨門。弼貪巨到祿存。貪狼氣。起家聲。坎離刼二氣成。此北斗大翻身。蓋以數語包括九星主運。卽天玉經北斗七星去打刼離宮要相合之法也。卦起九星。天玉經分南北東西三卦挨之。

其曰南北八神共一卦者以子午卯酉乾坤艮巽八神係中卦突然自起不經位數一卦包含三卦也其曰江東一卦從來吉八神四個一者甲起未庚起丑丙起戌壬起辰經四位而起父母故曰四一者此卦一兼他卦卽出卦也其曰江西一卦排龍位八神四個二者申起乙寅起辛巳起癸亥起丁亦經四位而起父母寅甲歸艮取坤申庚歸坤取艮巳丙巽取乾向亥壬乾取巽向是西卦可兼東卦而父子合五子能定母矣故曰四個二也四正四維順逆不同迭相爲配共成四十八局統

九局挨星。實四百三十二局。卽積歲共四千三百二十時。三百六十日一周天運。三百六十度也。細繹總圖。以水之倒左倒右流到何宮。便合何局。順逆挨加。卽可一一挨全矣。

山法一隅圖

山以龍氣爲主氣以成形形成則氣一故生死之機悉見於形有形斯有勢其起伏頓跌勢如天馬行空游龍天矯縱橫排蕩莫可端倪到開面放陽之處必衆山環繞面面有情四圍緊密衆大獨小衆小獨大一片平和無峻厲之象逼廹之煞強梁之星始能結穴穴既結水自會合環抱不見來去朝應樂蕃無不整齊四外羅城必是正龍同發之輔幹遙爲擁衛坐山宜端厚中正如屏如廚落下之脈宜軟宜細如蘆花之裊如仙帶之飄

如風光浮于草際自具一團生氣其形之曲者爲水尖者爲火直者爲木圓者爲金方者爲土五行之中復有五行相兼爲用變化無窮究其實總不外乎五者之形不必更求楊廖之九星以九星亦不外五行也若穴情則盡于窩鉗乳突四字之中曰葢曰粘曰倚曰撞此作法之異也苟能明此則因勢審脈認情立穴而山法備矣余不善圖畧舉前人撥砂數式以明趨避之法以一反三可也

撥砂法

穴猶我也砂猶人也有我而後有人知己而後知彼故山以穴爲主砂爲賓賓主相對貴乎有禮有禮方能有情撥砂之法以宿度論生尅葢少陰之精在天則成星象在地則成山形形與象一氣貫通此感彼應猶列宿之拱辰極也穴爲立極極無五行以向度爲五行向度定而羣峰之分度始可定其生尅生我爲生比和爲旺我尅爲財我生爲洩尅我爲殺日月爲陰陽之精五行無不包納生主貴旺財主富兩旺同生洩爲退敗殺爲形傷其相兼之處則生尅互推

以三合弔冲填實之年月。斷吉凶之應。五行俱喜得地。總不若卦氣當運。則爲得時。爲福有力。此卦氣乃先天之卦。非後天之卦也。現在下元。交豫卦主運。以震雷爲用。實則後天之艮卦當運矣。生克雜出。則以向度撥之。但平分宮位。不計宿度之濶狹。于理未安。蓋列宿之度。濶狹不齊。如井跨三十度。而鬼止四度斗跨二十三度。而牛止六度。觜火止一度。非可劃一撥砂必從宿度。依現在歲差赤道分度。用壬子丙午天盤則太陽躔度過宮之分界也。賴公撥砂盤子癸同宮以每宮一宿屬之子午卯酉每宮又占二宿以不齊之天行按一定之星舍萬無是理察形可以立穴凡山之秀特而開顏拱照者視其精光所注之處爲之那前移後以求之則眞情自顯而向亦可知矣

撥砂盤式

遵現在歲差分度撥砂須用此盤

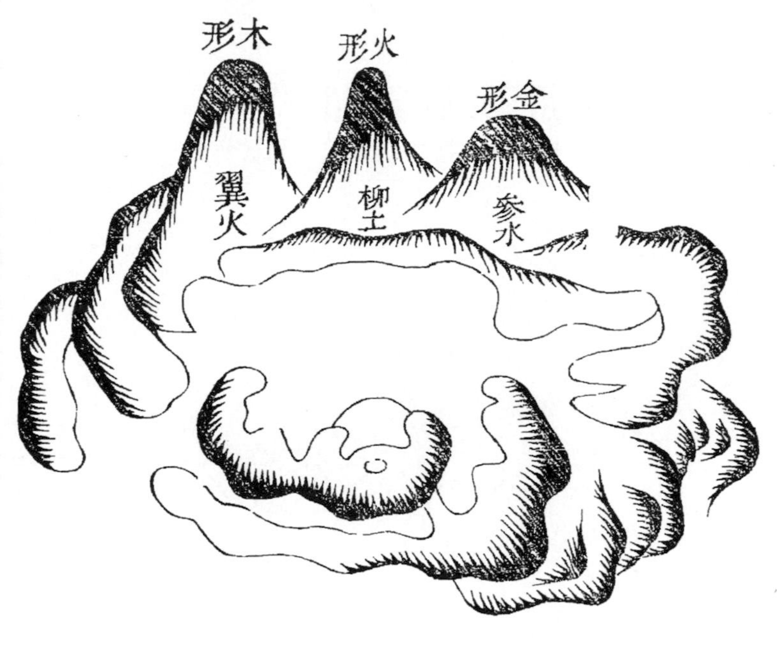

火星在土度木星在火度金星在水度俱爲星生度吉如向火度則水爲殺土爲洩俱凶向水度則土爲殺凶火爲財吉惟向土度則水爲財火爲生土爲旺並吉蓋形與度宜相生不宜相克如見水星在土度土星在木度俱爲失位不能爲福

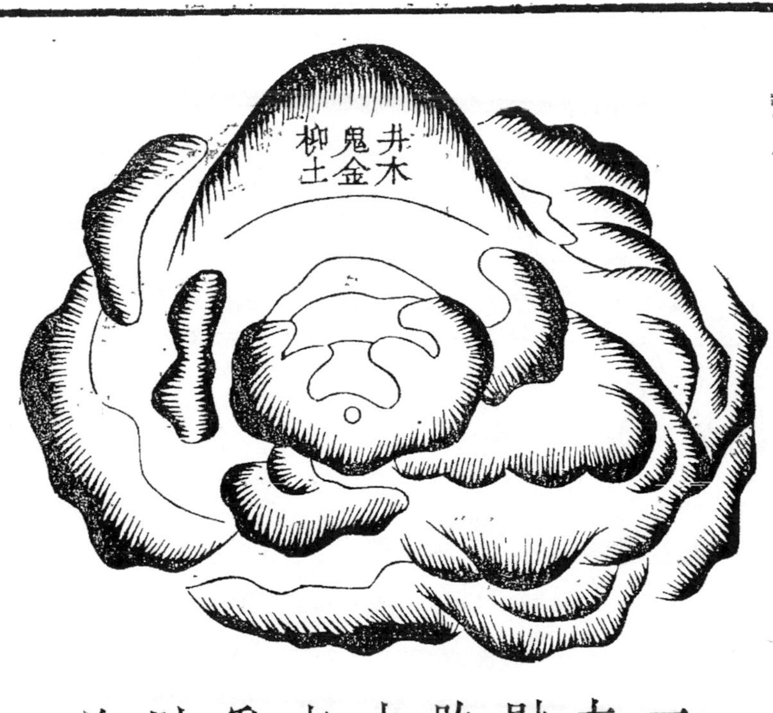

一山而跨數宿如此形向木度則金爲殺凶土雖爲財而隔于金殺則適足以助殺爲凶不能爲我用向土度則金爲泄不利而木來爲殺金能制之則金不爲泄而反爲恩吉向金度則木爲財土爲生金爲旺並吉

此局四面蟠繞甚是緊密然無一傑出之峯以獻其秀反覺俗而不雅惟右前稍近有一小山圓整秀美情意相向偏在參水不能作朝因虛向井木將小山撥作生砂貼近親切因在右前應三房發此可為大中取小之一式

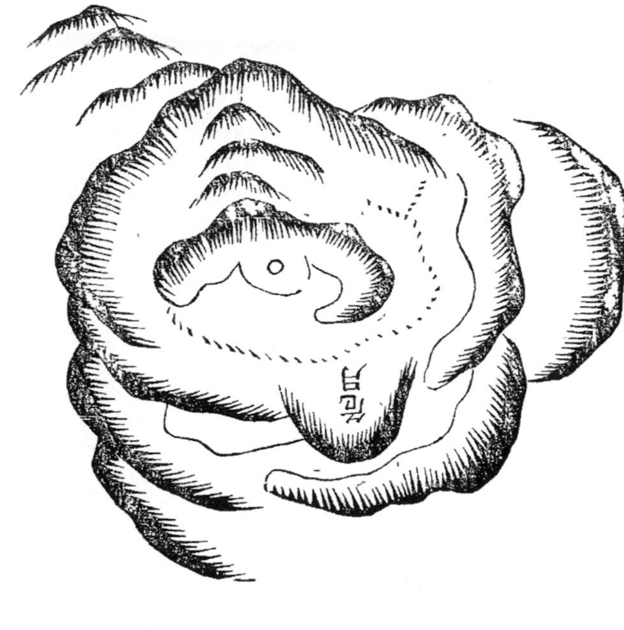

此局平岡行龍山峯不起惟左前貼身親切起一太陰金圓靜秀美滿照注影卻在危月度地又不能正朝因立壬向將陰金撥作左砂向穴有情凡日月二砂照穴無有不吉故應長房先發貴此可爲日月兩砂照穴之証

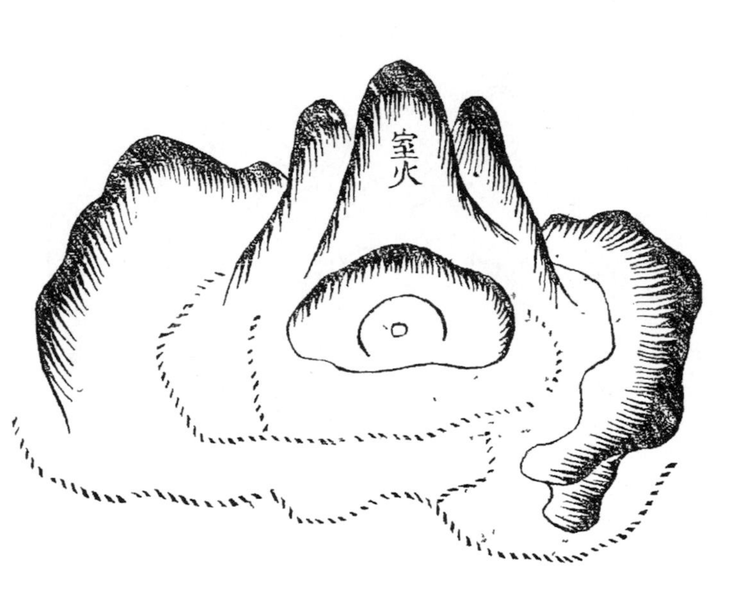

此局無朝案侍衛惟穴後三峯開面下照如佛後火焰親切有情力量最大與他砂不同坐度卽爲旺砂不必消撥此可爲主山開面照穴之一式

此局滿盤美秀但無卓拔
之峯惟穴後里許秀木挺
立圓靜有情以其太遠應
至五代而發此可為看砂
遠近之式

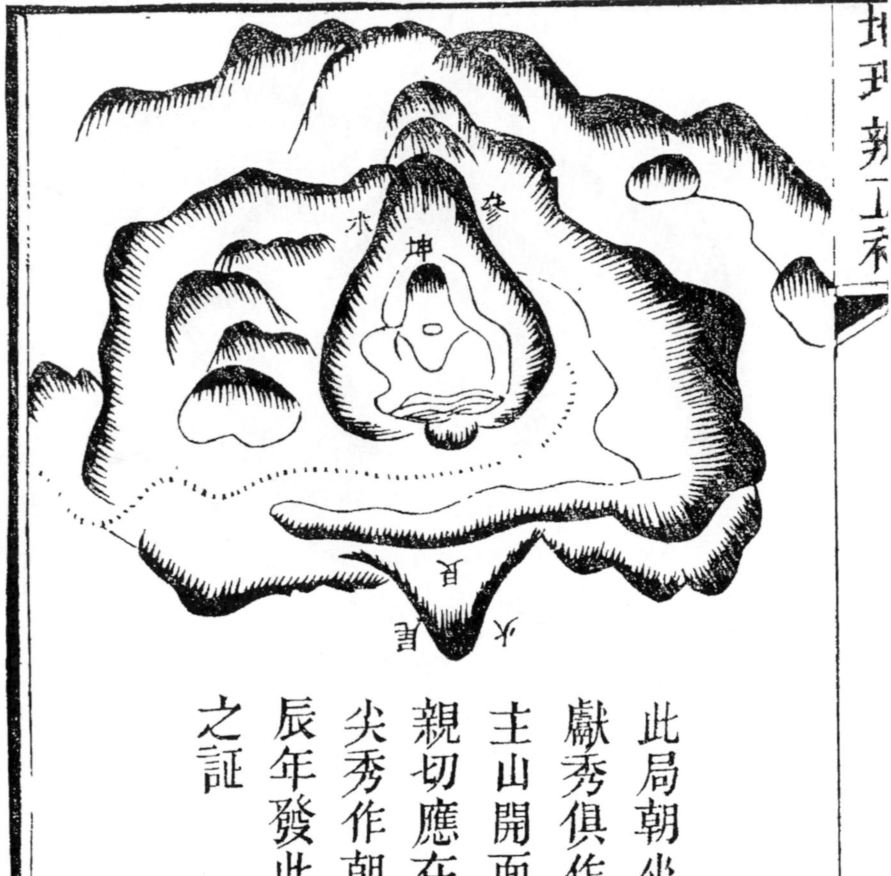

此局朝坐俱有好峰挺拔獻秀俱作旺砂論坤峰作主山開面照穴有情貼身親切應在丁未年發艮峰尖秀作朝去穴遠應在丙辰年發此可爲遠近應期之証

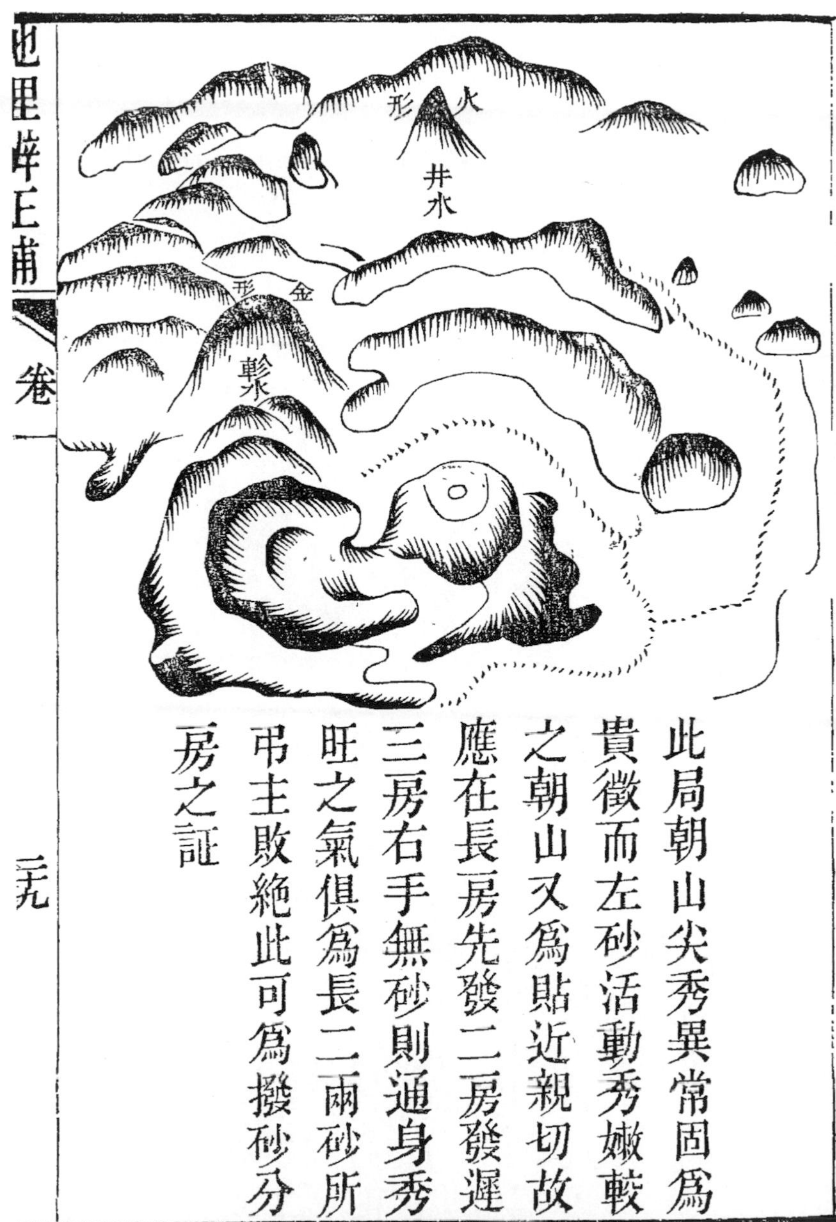

此局朝山尖秀異常固爲貴徵而左砂活動秀嫩較之朝山又爲貼近親切故應在長房先發二房發遲三房右手無砂則通身秀旺之氣俱爲長二兩砂所弔主敗絶此可爲撥砂分房之証

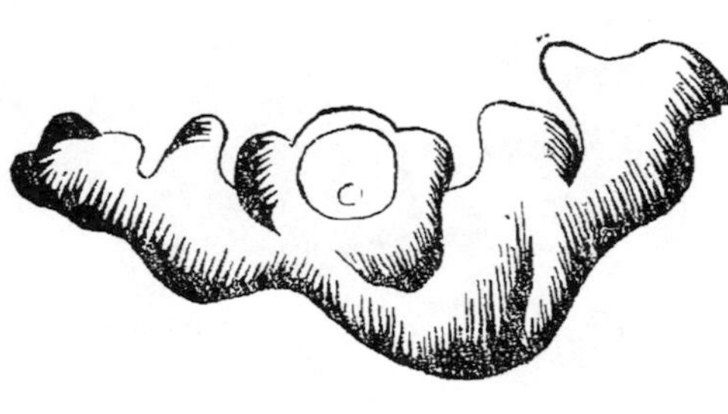

此局朝山翼火呈秀本是吉局奈左有軫水爲殺若向水度則又失穴情何能育秀美中不足大地亦然惟有棄而不用耳若貪其秀美未有不爲害者此可爲論砂棄取之証

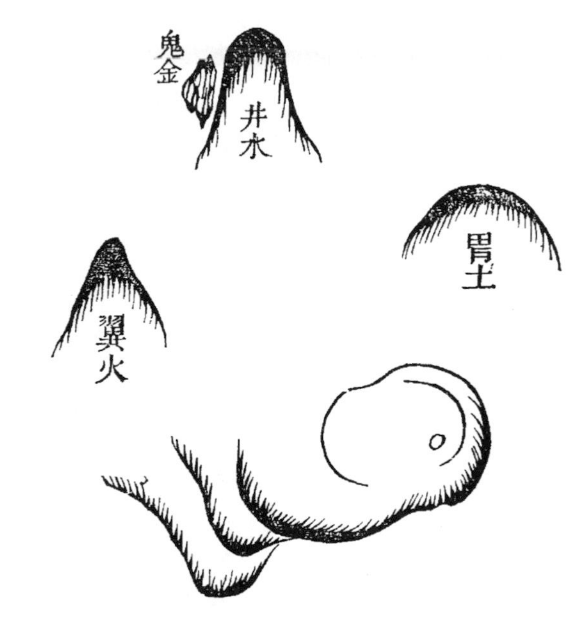

此局朝山井木秀拔本吉奈左肩上側出一山頭巉巖帶石形如鬼臉又在鬼金爲殺大凶殺在外主有外人喑筭左砂翼火本爲泄以能制金凶不爲災右砂胃土生金引鬼入室故二三兩房凶禍更甚此可爲吉內藏凶之証

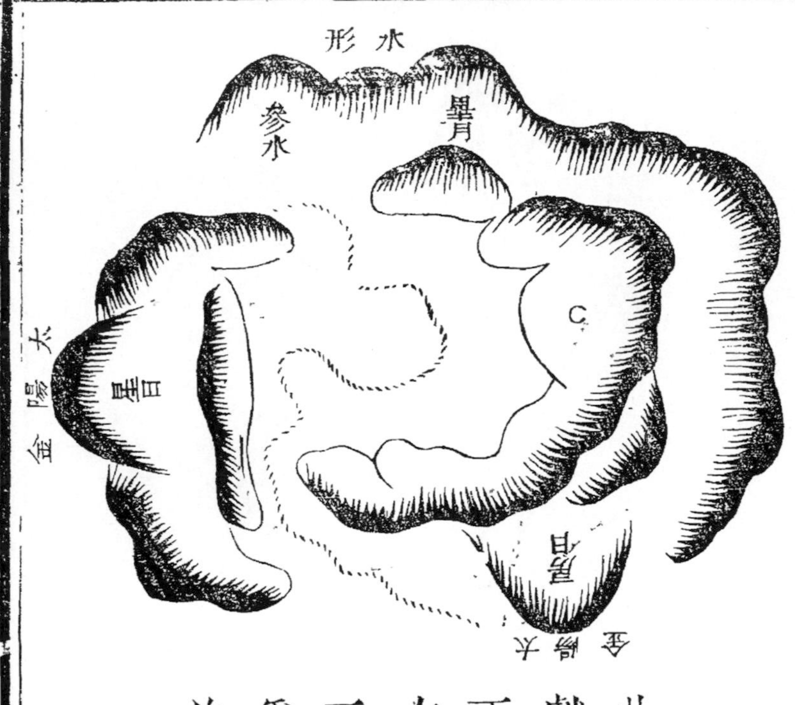

此局朝山星日有太陽金獻秀應二房左砂有房日更貼近親切應長房先發右砂活動秀美帶水形應三房小貴而女門最盛可爲全壁此三房均發三砂並秀之一式也

此局三木並旺三房俱有蔭砂宜乎富貴相等然木無火不秀不得概作洩砂論惟左肩外有一火星尖秀異常去穴本有三里許而自穴中覗之如貼身親切通身秀氣俱吊入長房而二三不應矣葢砂之遠近惟在消撥得宜此可爲砂遠而使之近衆中取獨之一式

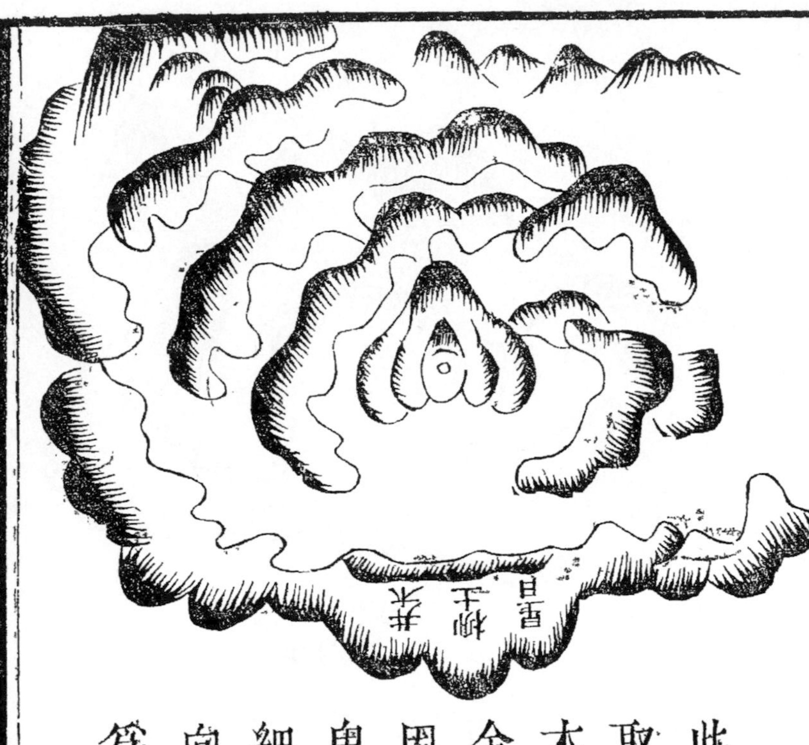

此局朝山三峰並秀宜乎取中然向中柳土則右井木爲殺且坐山略偏在牛金度又爲泄二三俱不利因坐正山頭向木土之凹鬼金度上則三房並吉且細看穴情本不對中峯若向中則貪朝失向矣此可爲朝不敵主之一式

此局龍身活動而不秀惟朝山太陽金獻秀形如滿月開面照穴爲旺砂又合金居兌位之格兌爲少女朝山主外親故專發女貴蓋龍身粗而砂體秀則龍之旺氣俱蔭于砂非砂無以發其秀也此可爲砂能助秀之一証

水法一隅圖

昔人有言平洋莫問龍水繞是眞踪非不問龍也水卽爲龍天元歌云自上而下山之止自外而內水之止郁離子云水到窮時太極明太極定處五行根葢龍者火也火生于坅坎之卦一陽處于兩陰之中陽爲生氣塟書云塟乘生氣故必以陰求陽借其虛處以求生氣也山之生氣現于脈水之生氣現乎光水中之地去山已遠其氣下行仰而作息如菱荷之屬未嘗無根然非目之所能睹必據于水而後可接其生氣二十四方水路

交馳以後天卦位合九宮星運爲吉爲凶隨時變易此
挨星之所由爲最貴而龍必合向向必合水水必合三
吉也作法雖多不離騎攀倚三法騎攀倚又不外弔浜
剪水分局三格四正四維順逆迭配專從天心正運一
卦爲主畧舉數圖以闡水法從此類推變化無窮矣

弔浜圖

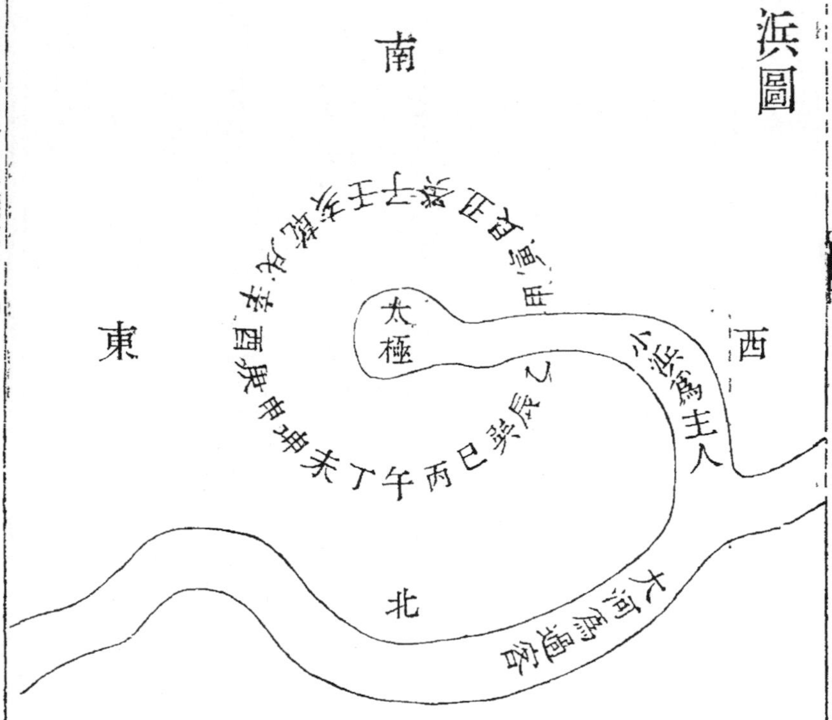

此卽陰陽往來之圖二十四氣在在可通生成錯綜南北易位蓋移步換局之法也

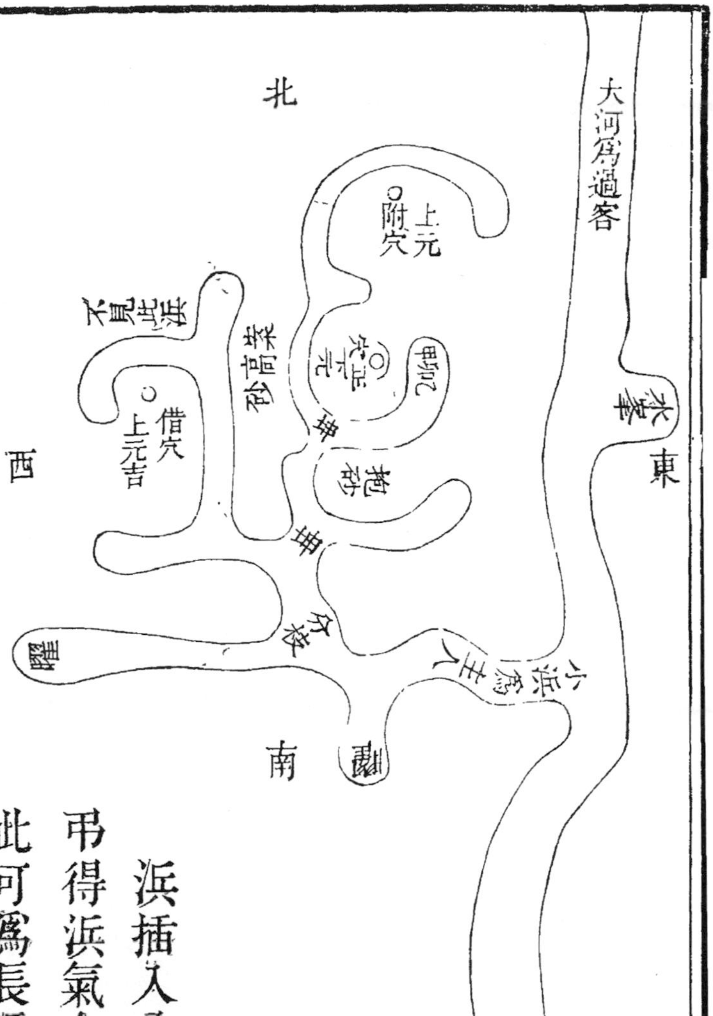

浜插入分枝靈動
而得浜氣全局俱收
此可爲長浜分枝之
式

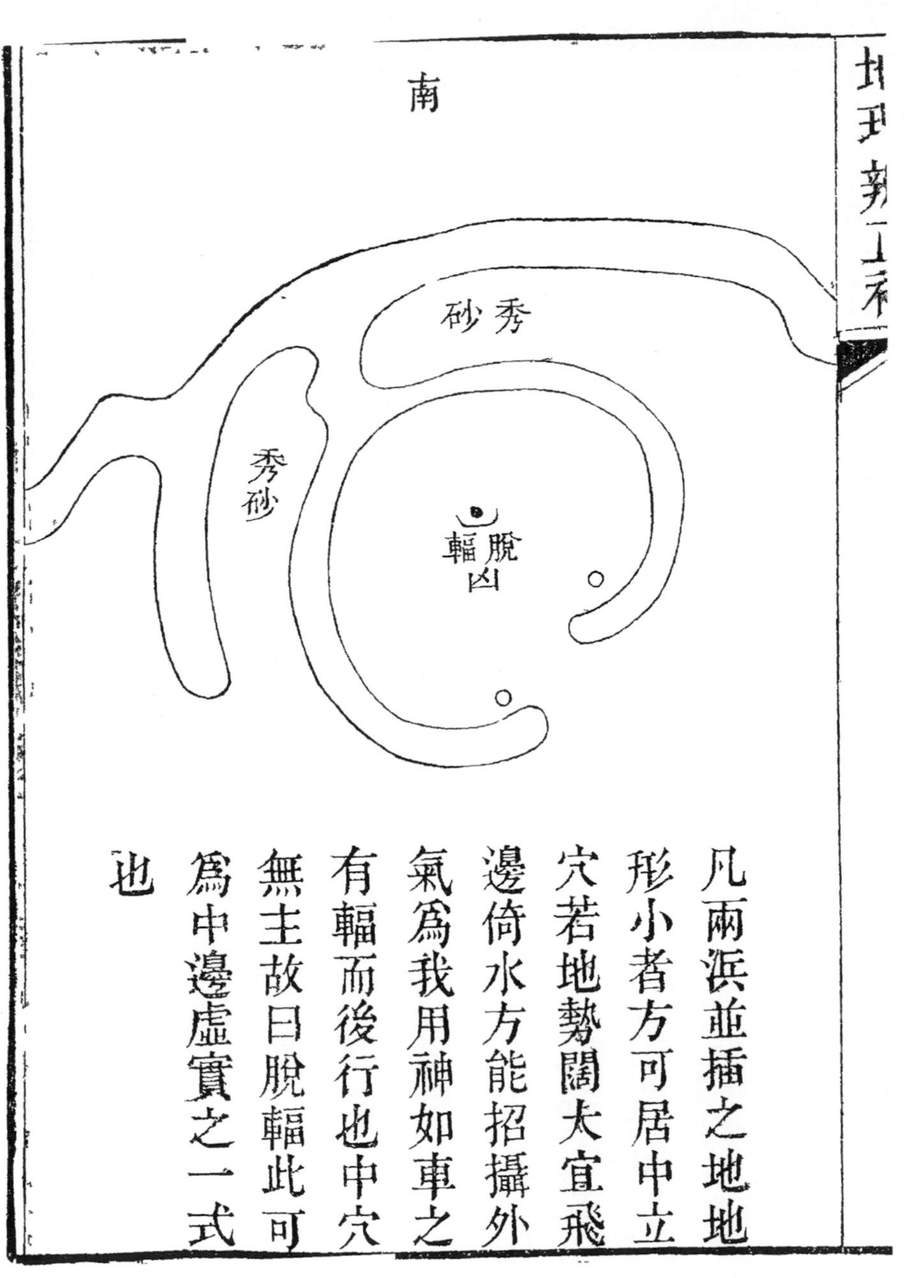

凡兩浜並插之地地形小者方可居中立穴若地勢闊大宜飛邊倚水方能招攝外氣爲我用神如車之有輻而後行也中穴無主故曰脫輻此可爲中邊虛實之一式也

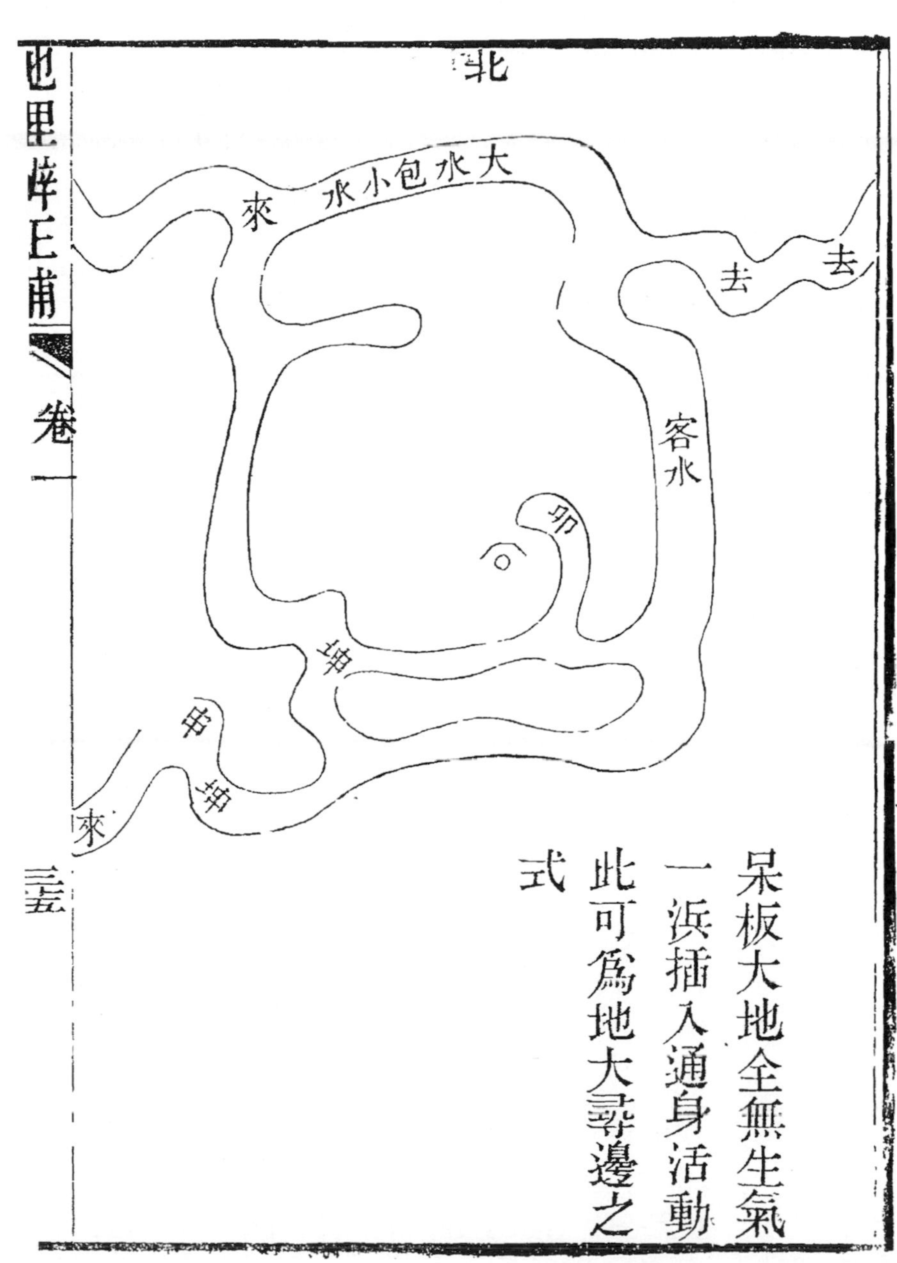

呆板大地全無生氣一浜插入通身活動此可為地大尋邊之式

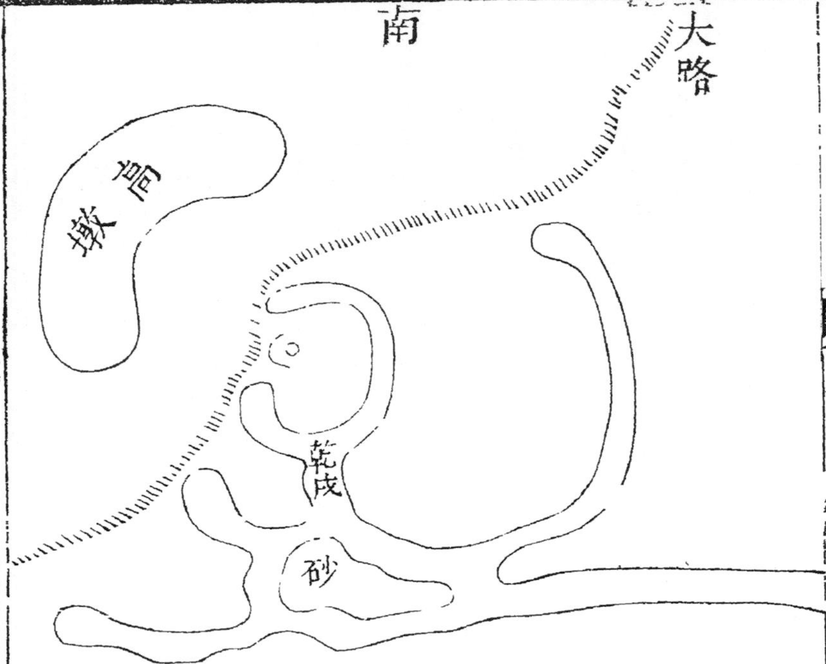

南
大路
高墩
乾戌
砂

此嫩枝結穴巽運主敗財破家交乾運主發財丁以立卯山酉向兼甲庚坐下通夾浦大道節節從艮方來冲則動動則變以四變六動可勝靜故交乾運甲辰冲關而後發也此可爲冲橋冲路變局變運之一式

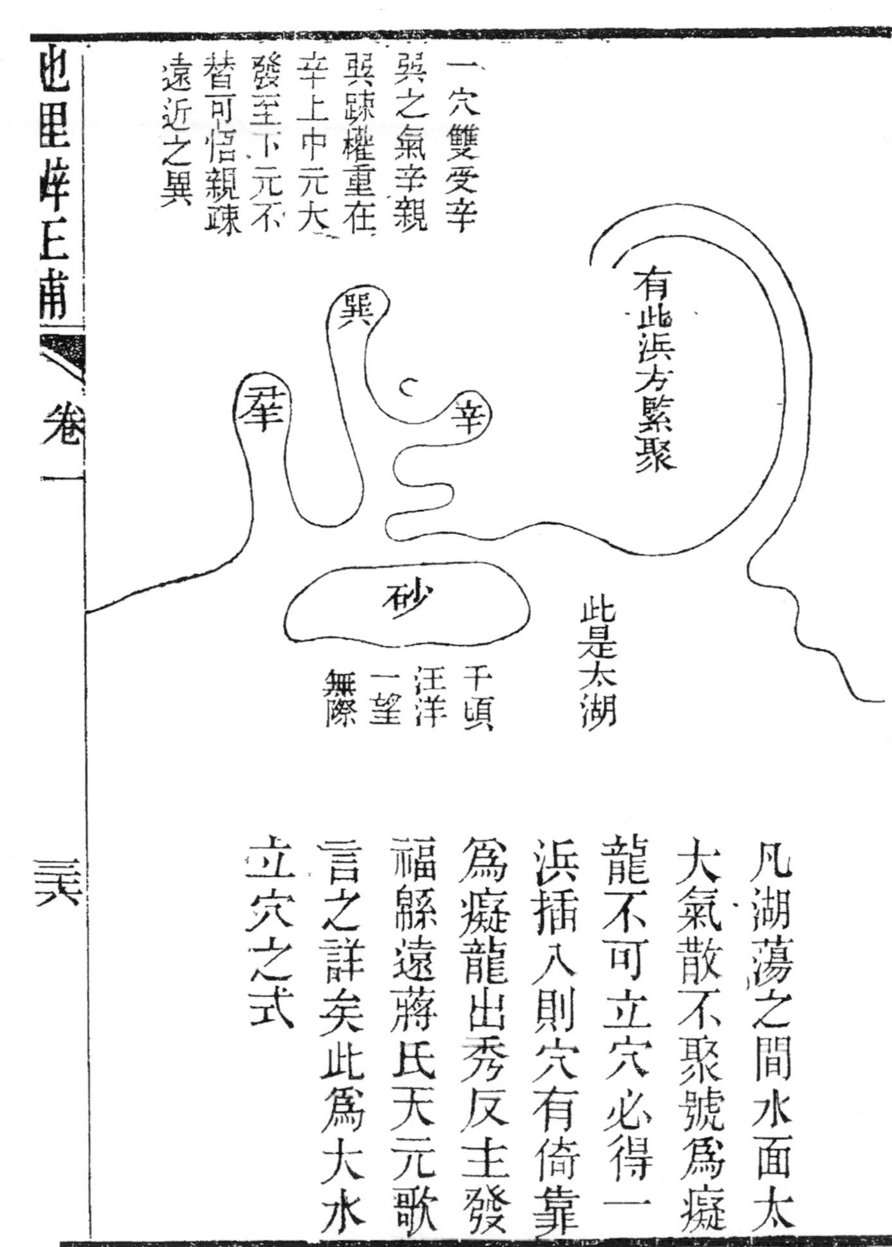

凡湖蕩之間水面太大氣散不聚號爲癡龍不可立穴必得一浜插入則穴有倚靠爲癡龍出秀反主發福縣遠蔣氏天元歌言之詳矣此爲大水立穴之式

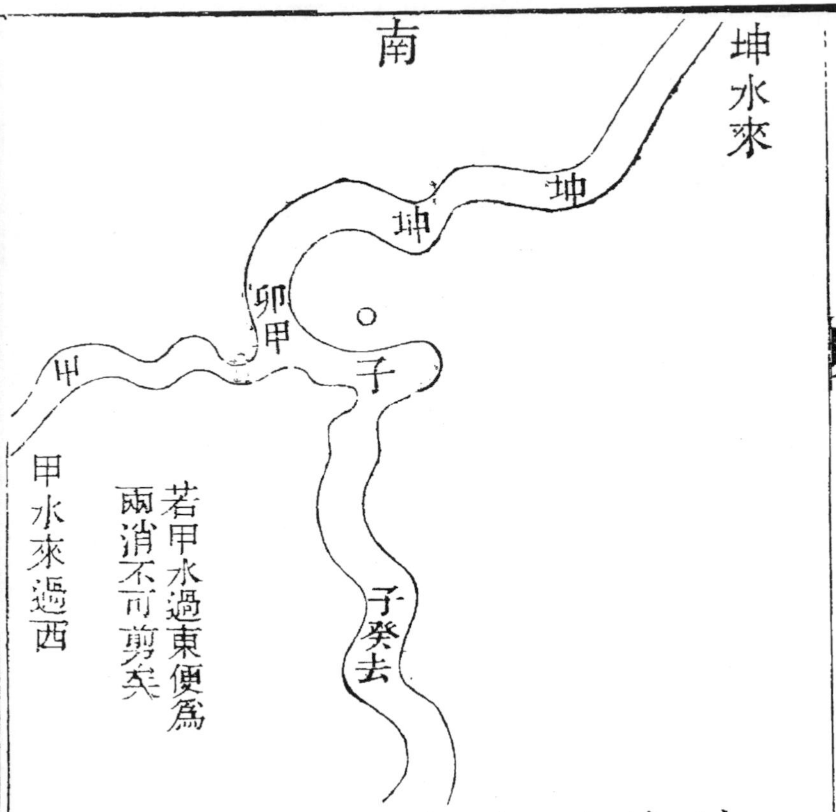

南

坤水來

坤

坤

卯甲

子

甲

子癸去

甲水來過西

若甲水過東便爲兩消不可剪矣

坤震二旺繞抱合于坎方從穴後聚㨾秀而局緊此速效之穴也凡剪水必取旺運之水曲折有情處剪之畧舉此式餘可類推

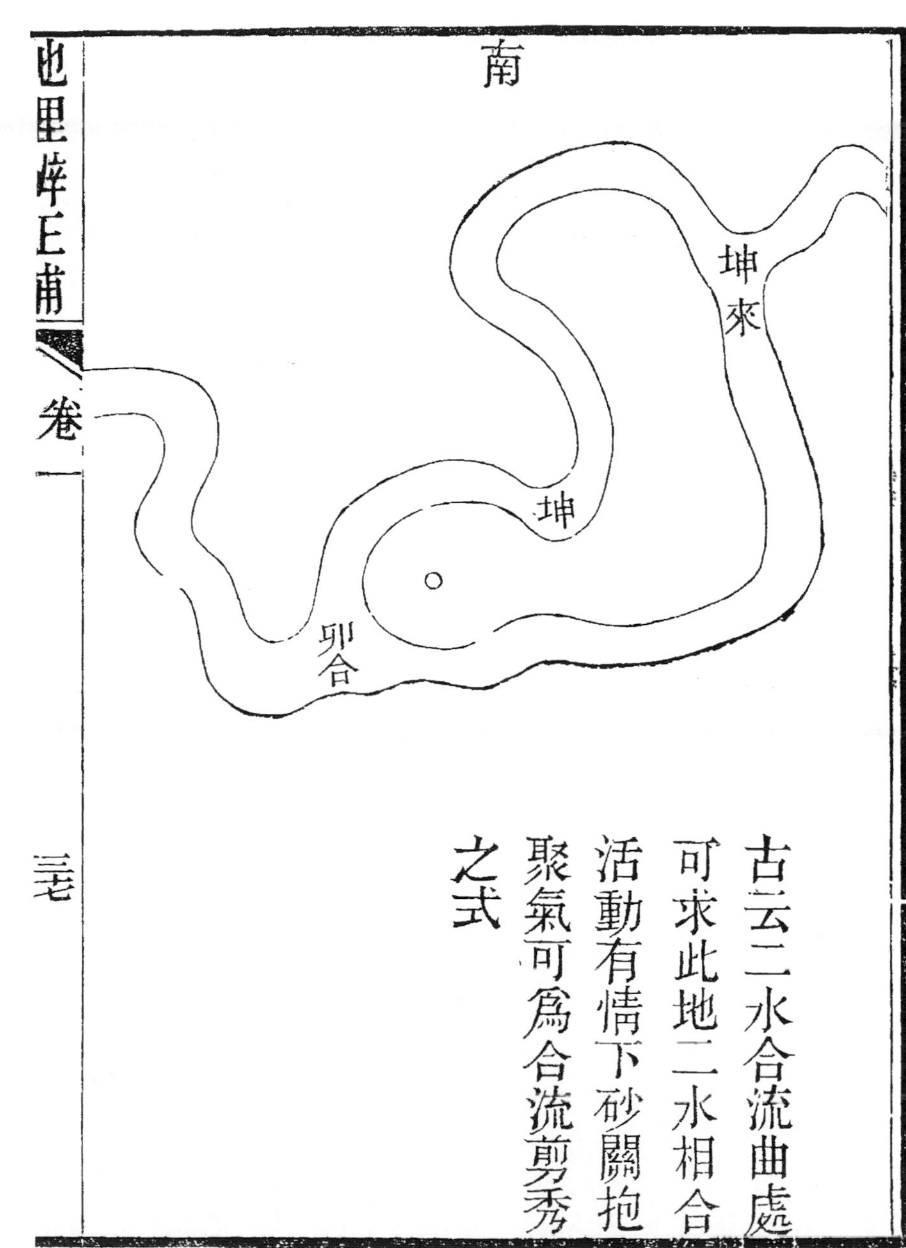

古云二水合流曲處可求此地二水相合活動有情下砂關抱聚氣可爲合流剪秀之式

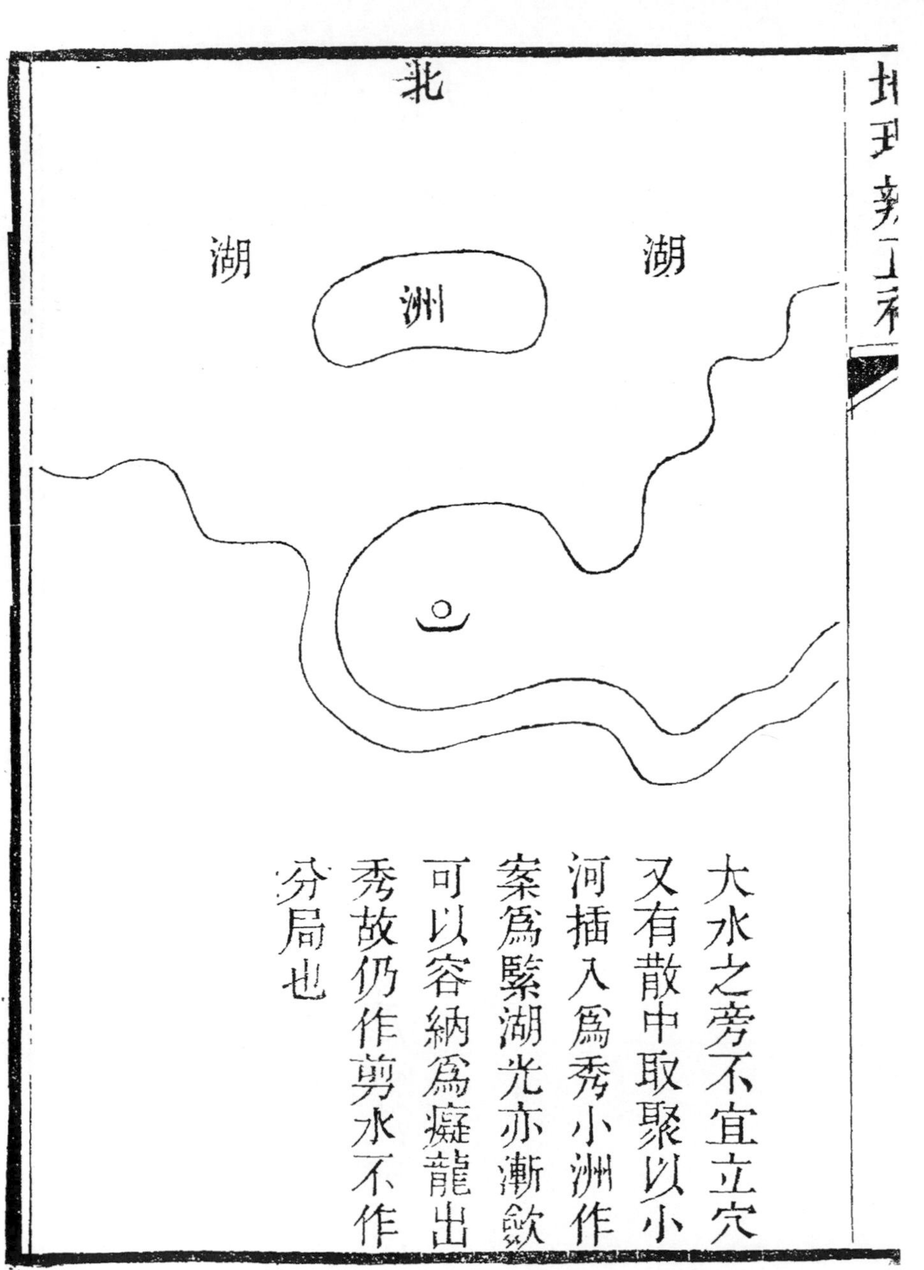

大水之旁不宜立穴又有散中取聚以小河插入爲秀小洲作案爲繫湖光亦漸歛可以容納爲凝龍出秀故仍作剪水不作分局也

騎龍格

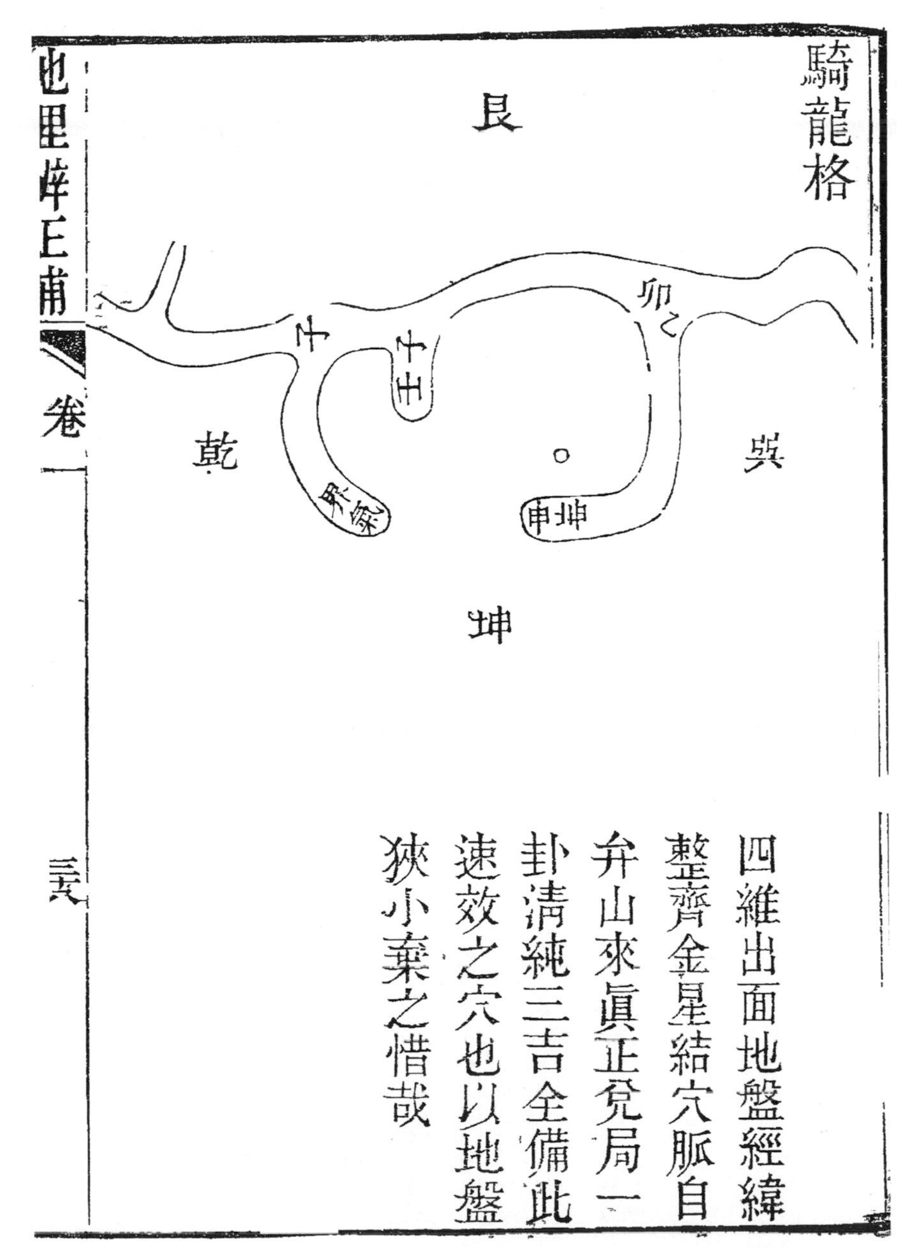

四維出面地盤經緯整齊金星結穴脈自弁山來眞正兌局一卦清純三吉全備此速效之穴也以地盤狹小棄之惜哉

倚水攀龍格

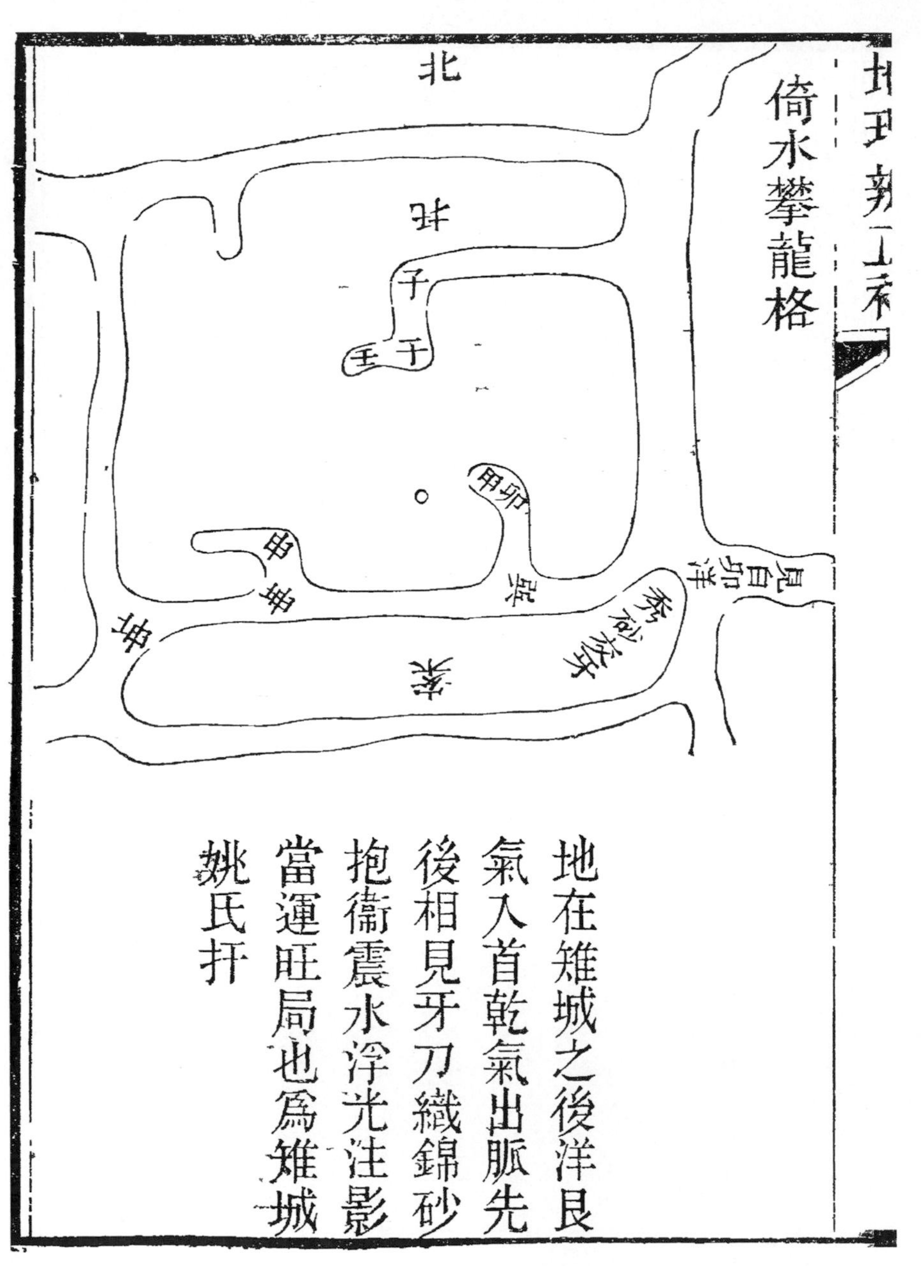

地在雉城之後洋艮氣入首乾氣出脈先後相見牙刀織錦砂抱衛震水浮光注影當運旺局也爲雉城姚氏扦

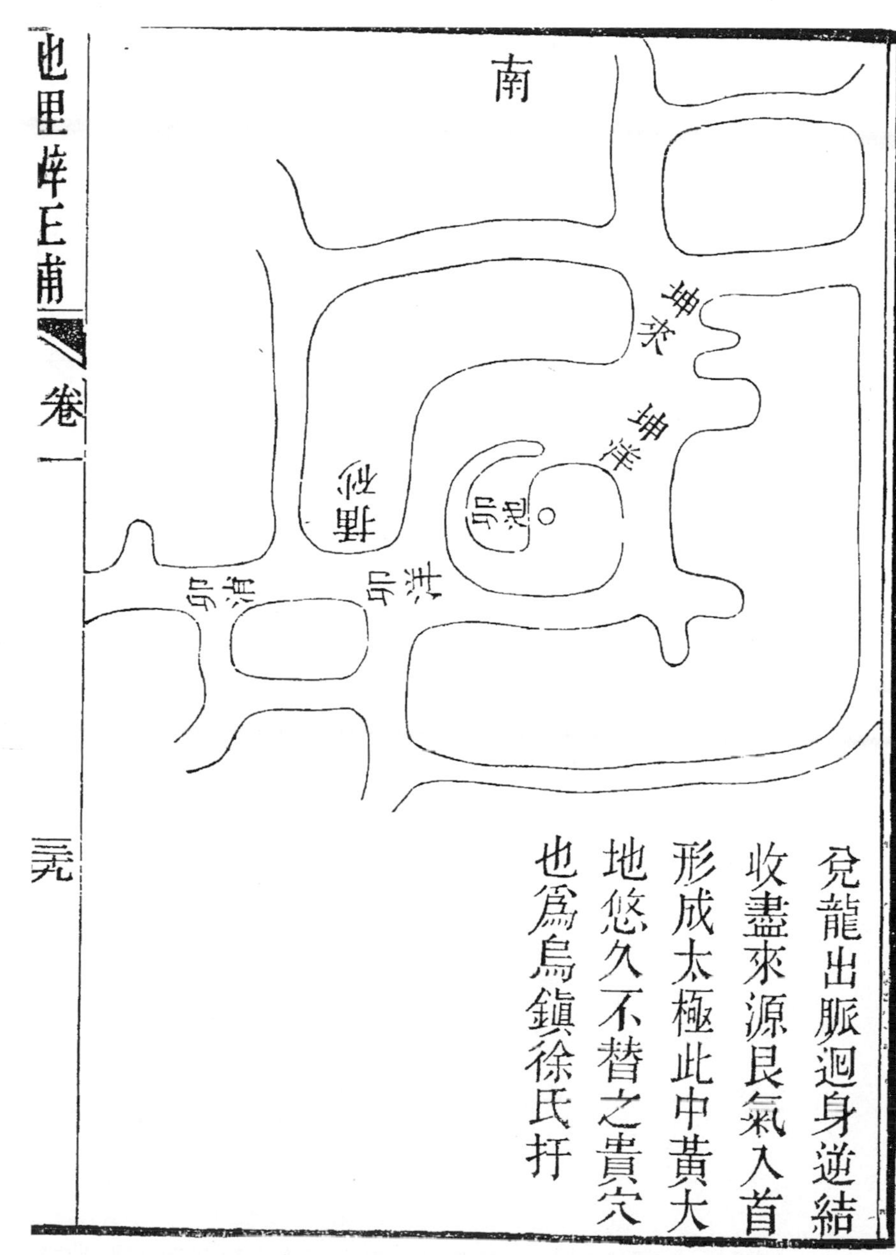

兌龍出脈迴身逆結收盡來源艮氣入首形成太極此中黃大地悠久不替之貴穴也爲烏鎮徐氏扦

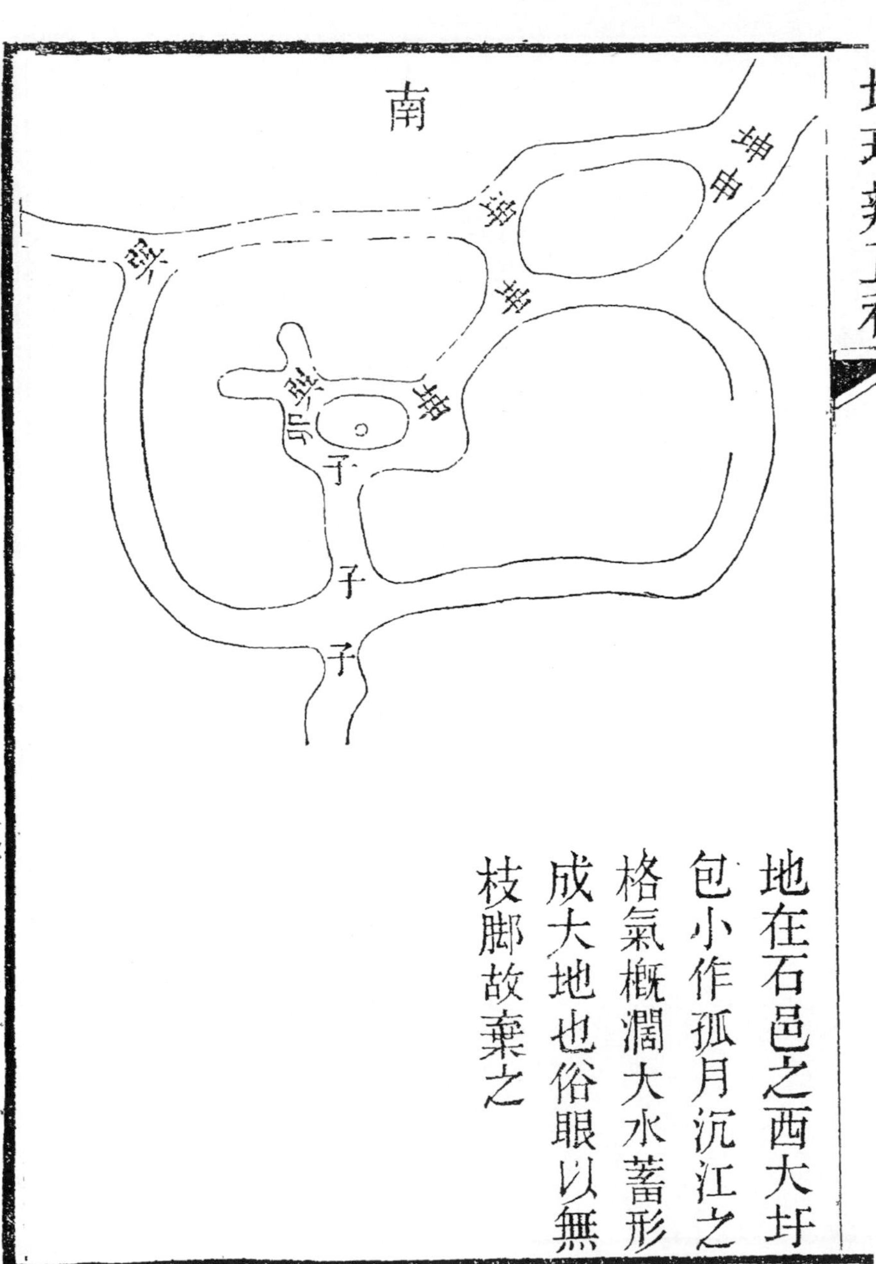

地在石邑之西大圩包小作孤月沉江之格氣概濶大水蓄形成大地也俗眼以無枝脚故棄之

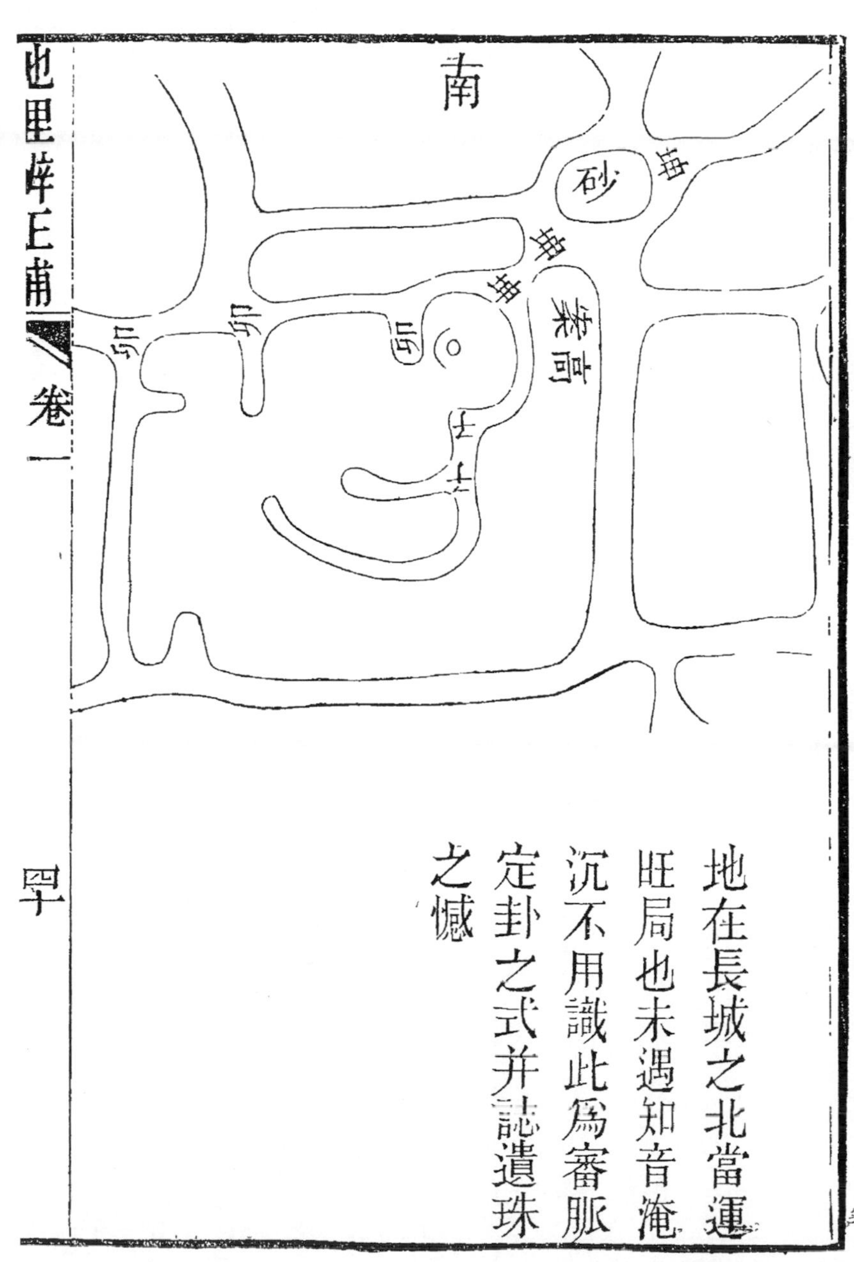

地在長城之北當運旺局也未遇知音淹沉不用識此爲審脈定卦之式并誌遺珠之憾

分局

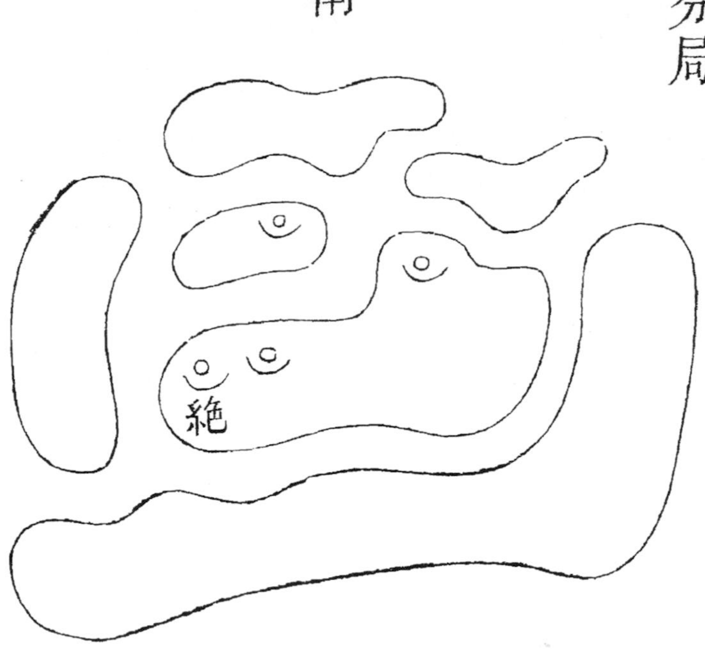

水雖亂而有情法宜裁剪三穴吉而一穴絕者以艮方漏去也右穴坤水特朝震方開洋主富貴前穴係在四運作乾近巽遠之局主不替前右穴受丙午直冲刑傷疊見主衰微不振此可爲那前移後進退左右之式

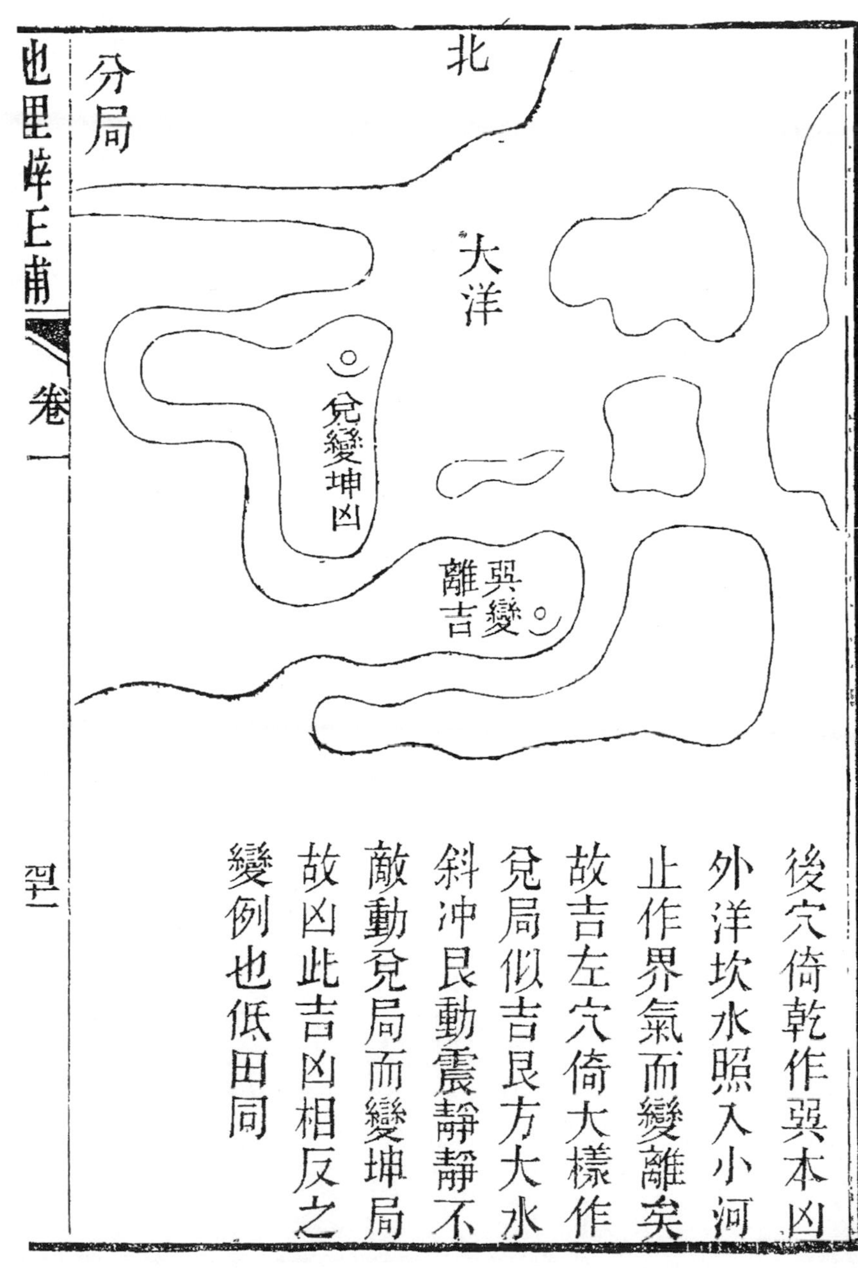

後穴倚乾作巽本凶外洋坎水照入小河止作界氣而變離矣故吉左穴倚大樣作兌局似吉艮方大水斜冲艮動震靜靜不敵動兌局而變坤局故凶此吉凶相反之變例也低田同

聚砂格

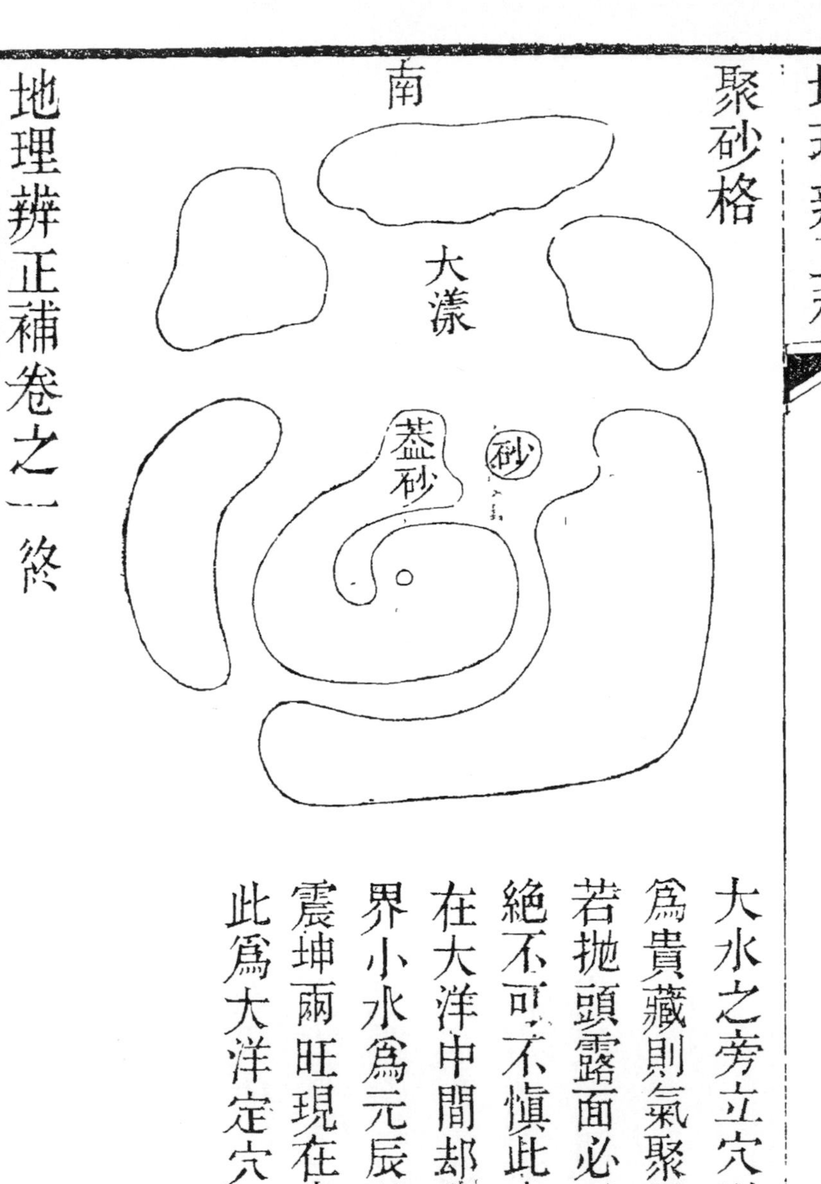

大水之旁立穴以藏爲貴藏則氣聚局緊若拋頭露面必致敗絕不可不慎此穴雖在大洋中間却有內界小水爲元辰胎息震坤兩旺現在貴局此爲大洋定穴之式

地理辨正補卷之一終

地理辨正補卷之二

桐鄉朱　蕁小鶴手輯

天星世運

西法統宗曰。古人推究天下大事。決斷精詳。名曰世運。凡一運計三百六十年。每年分四季。春季初起處。依麻法所定。太陽最高行中距在雙魚二十度十四分。太陽正行在磨羯宮初度。即太陽極增之數。太陽中行在雙魚宮十八度。將極增數二度十四分。添入中行度數內。合前麻法之數。共二十度十四分。自此太陽漸漸上升。

此春季之數也。夏季初起時。太陽到陰陽宮十八度。最高行。太陽正在白羊宮初秒。此處無增。自此太陽中行。即是麻法十八度之數。此爲太陽在最高處。秋季初起處太陽到雙女宮十八度。將極增數二度十四分。於中行數內減去。合前數十五度四十六分。至此後太陽漸漸下降。冬季初起處太陽到人馬宮十八度。太陽正行在天稱宮初秒。至此數亦無增。此亦合前數十八度此爲太陽最低處。自春季起度至夏季起度。計八十七度四十五分。自夏至秋。亦八十七度四十五分。自秋至冬。計九十二度十五分。自冬至春。亦九十二度十五分。總計三百六十度。此是地心外輪所行度數。依上古麻法。一年分四季。將一運亦分四季。凡年一日。准運一年。上古之人。先於洪水滔天時二百七十六年前。將土木二星同宮同度之年。作世運初起之首。其世運主星爲土星。宮爲巨蟹宮。此一時土星正在巨蟹宮。洪水滔天正在此一運中。依著西域紀年。六百十五年間。說從世運初起時。至此年計四千六百二十三年。以三百六十爲一運除之。計十二運。該四千三百二十年。餘三百零三年係水星主運已過三百三年。七曜逐年交一星。初起時是水星。至六百十五年間是土星。每一運分四季。不問何運。第一季火星。第二季太陽。第三季水星。第四季土弁與運主星同伴。○世運一門關係甚大。而本門說世運初起不曰上古某代帝王某年甲子中為起運。第曰洪水滔天二千二百七十六年前。土木二星同宮同度之年。為世運初起後又不曰西紀幾年。正當中國某朝某主在位幾年。係水星主運。復若干年。而第曰依西紀六百十五年間。從世運初起至此為若干年。且此書翻譯。並未注明何年月日。由今溯前。何所憑據。更可疑者。堯時洪水滔天。六十一載。使鯀治之。九載績用弗成。復命禹至癸亥告成。自黃帝甲子至此爲周甲者六。計三百六十年。自堯六十一載上溯至二百七十六年前。則少昊甲子初年也。自少昊甲子迄今癸亥。爲周甲者七十有一。計四千二百六十年。若云起運至西紀之六百十五年間。爲四千二十三年。即已逾三百六十三年矣。況自此以後。又加數百年之多乎。入算不清。幾至大謬。今欲探其源。其要有三。其一 以恒星之遠近依黃道取角宿大星。與黃赤相去皆不遠。卽依角右行度。定其年數算得今己未年。角宿依赤道爲壽星十七度零九分。本紀註九度四十分。相除得七度二十九分。以每十年行九分除之。得四百九十九年。逆查之。爲宋理宗十七年辛丑。卽纂輯此書之年也。其一以紀太陽最高在巨蟹宮初度。木星最高在天秤宮二度。依恒星年表。太陽每年最高行四十五秒。以四百九十九年乘之得二萬二千四百五十五秒。秒進爲分。分進爲度。得六度十四分十五秒。因查己未年太陽最高行。爲六度三十八分五十九秒。除此六度十四分十五秒。餘二十四分四十四秒。是即當年算太陽初度之零分秒也。又木星每年最高行五十八秒。以四百九十九年乘之。得二萬八千九百四十二秒。秒進爲分。分進爲度。得八度零二分二十四秒。因查己未年木星最高行。爲九宮九度四十七分二十九秒。以當年二度。并前所算八度零二分二十二秒。較得十四分五十三秒。是即當年算木星二度尚少十四分五十三秒也。當年太陽未滿三十分。故止言初度。木星已逾一度三十分。故進作二度。以此知後三百九十二年。翻譯此書者。卽爲萬厤元年癸酉也。因知前四千六百二十三年。通後四百九十九年。又加二年。爲今歲壬戌。共爲五千一百二十四年。而所謂洪水滔天。非指堯時明矣。年數旣得其眞。又逆溯前土木會在鶉火十九度五十四分爲起度。逆行一宮二十八度十八分爲陰陽宮二十一度三十六分。卽爲世運初起。土木會之宮度分也。此乃起運冬至前一百四十四日土木同宮同度。如此時太陽在鶉火宮六度。土木二星俱順行。約至次年四五月閒。土木俱在巨蟹宮。所謂世運初起宮分巨蟹土為主星正在此宮者是也嗣是運會之數畫如指掌即將起運至今壬戌五千一百二十四年從巨蟹宮土運除起每運一宮除三百六十年周十二運該除四千三百二十年餘八百零四年復從巨蟹宮起除三百六十年餘四百四十四年為水運終交太陰主運宮分獅子再除三百六十年餘八十四年為太陰運終次交土星主運宮分雙女今之壬戌正土星主運在雙女宮八十四年也○又按太陽到雙魚宮二十度十四分為首此中大有機關原非拘於一定蓋太

陽有高卑升降。因有加減度分。其界有四。太陽自最卑升至中距。其行度狹較平行爲多。積之得二度十四分。冬至從最卑起算。當時最卑處。在人馬宮十八度。自人馬宮十八度。至雙魚宮十八度爲滿。中行加極增之數二度十四分。爲雙魚宮二十度十四分。太陽至此均平。卽日行五十九分零八秒之界也。此界爲定世運之首。太陽自最高降至中距。其行度闊較平行爲少。積之亦二度十四分。夏至從最高起算。當時最高處在陰陽宮十八度。自陰陽宮十八度至雙女宮十八度爲滿。中行減二度十四分。為雙女宮十五度四十六分。太陽至此均平。亦是日行五十九分零八秒之界也。此界為定四季之第二運。太陽到雙魚宮二十度十四分。自此轉北上升。其行無增。反減所增。故平行九十度。除二度十四分。為八十七度四十六分。以加於雙魚宮二十度十四分。即為陰陽宮十八度。太陽至此為最高。即日行五十七分之界也。此界為定四季運之第三運。太陽到雙女宮十五度四十六分。自此轉南下降。其行不減。而復增其所減。故平行九十度。加二度十四分。為九十二度十四分以加於雙女宮十五度四十六分即爲人馬宮十八度太陽到此爲最卑即日行六十一分二十秒之界也此界爲定四季運之第四運以上四界乃古時所用以測定世運如此既明古法即知今法因數更定其中更有不可不知者其要有二一太陽加減表自卑上行極增之數二度零三分較古宜少自高下行減數亦如之由中距升高與最高下行至中距同由中距下降與最卑上行至中距同一恒年表測今壬戌年最高沖爲磨羯宮六度四十分二十九秒過冬至七度零八分如

仍依前所定則節氣皆不合。明此二者。益知定世運之所由起矣。今定嘉慶二十四年。歲次己卯十一月初六甲子。天正冬至。夜子初初刻三分。浙江加一刻。測定最卑冬至限。過冬至九度四十八分二十秒十二微。加極增數白羊宮十二度十七分。爲定世運之首界。加八十度五十七分。巨蟹宮九度四十七分最高處爲第二界。又加八十七度五十七分。天秤宮六度四十四分爲第三界。加九十二度零三分。磨羯宮九度四十七分。最卑爲第四界。

歷代紀年表　出天元麻理

黃帝軒轅氏在位百年。

顓頊高陽氏在位七十八年。

帝嚳高辛氏在位六十三年。

中元之下元第一甲子。大六白。小七赤。唐堯前十三年交大中元甲子。入震卦統運復卦主運。

經世卦。丙子起姤

唐帝堯元年

魚八

魚九

二季太陽

魚十

魚十一

雙魚七度

中元之上元第二甲子。大七赤。小一白。

甲午入山雷頤

經世卦。壬寅入大過。

魚十二

禹治河

舜攝位

魚十三

魚十四

三季水星

魚十五

虞帝舜

堯崩

魚十六

中元之中元第三甲子。大八白。小四綠。

甲午入水雷屯。

			魚十八		
會塗山					
		魚十九			
	舜崩				
會會稽陵	魚二十				
魚廿一			禹攝位		
	夏后禹				
夏后啓					魚十七

中元之下元第四甲子。大九紫。小七赤。

甲午入風雷益。

夏后太康

魚廿二

夏后仲康

四孛土星

夏后相

魚廿三

魚廿四

魚廿五

魚廿六

中元之上元
第五甲子
大一白。
小一白。

甲午入震卦

經世卦甲寅入鼎。

寒浞亂國

魚廿八

夏后少康
少康復國即位

魚廿九

魚三十

金運白羊
李火

魚廿七

中元之中元
第六甲子。
大二黑。
小四綠。
甲午入火雷
噬嗑。

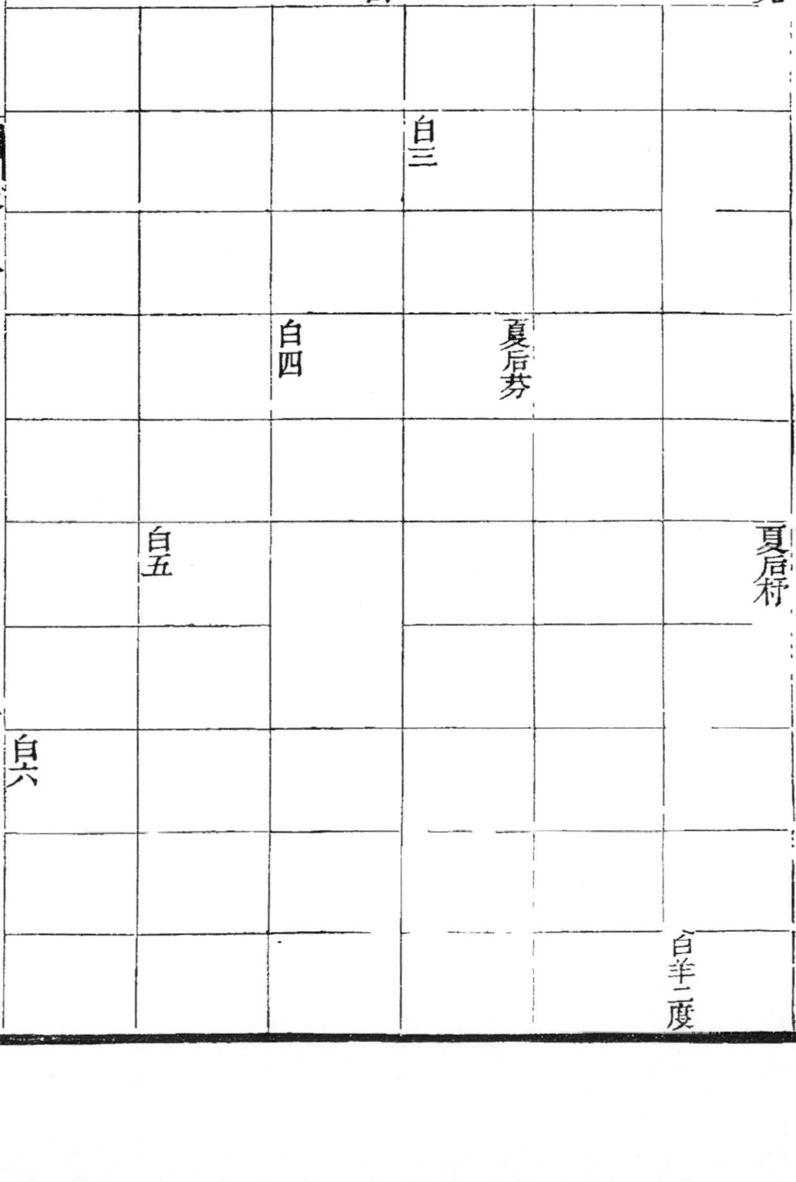

夏后杼
夏后芬
白三
白四
白五
白六
白羊二度

中元之下元第七甲子。大三碧。小七赤。

甲午入澤雷隨。

夏后芒

白七

三季太陽

白八

白九

白十

白十一

中元之上元。第八甲子。大四綠。小一白。

甲午入天雷无妄

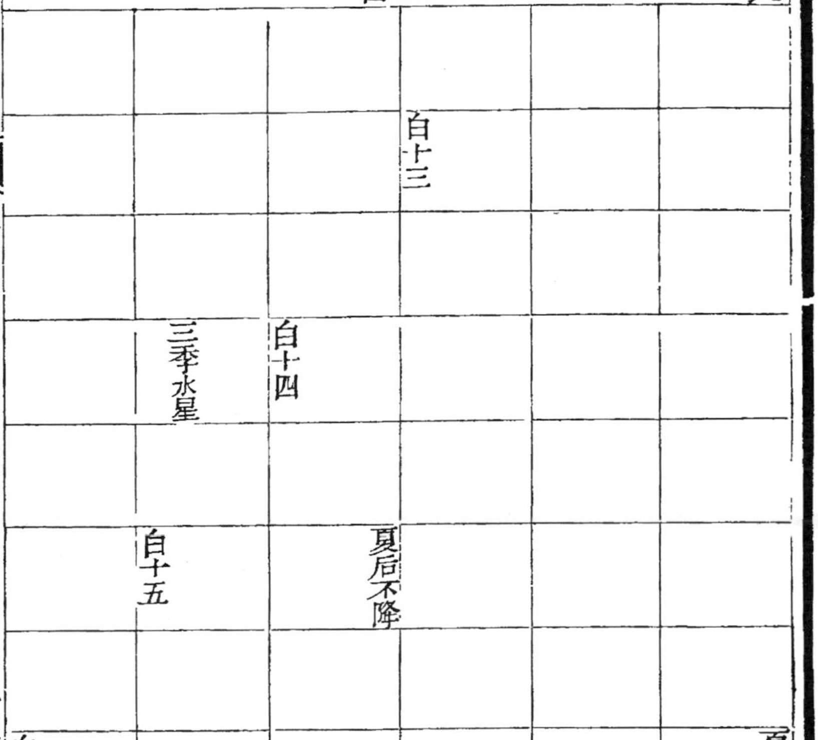

白十二

夏后泄

白十三

夏后不降

白十四

三季水星

白十五

白十六

中元之中元第九甲子。大五黃小四綠。

无妄至癸亥止。

經世丙寅入恒。

白十七

白十八

遜位於第 夏后扃

白十九

不降陟

白二十

夏后廑

白廿一

中元之下元第十甲子。大六白。小七赤。甲子入離卦統運交地火明夷主運。

			白廿三 夏后發		
		白廿四			
伐商不克	白廿五			四季土星	夏后孔甲
				夏后皐	
白廿六					
商征夏			夏后桀		
商王湯居亳	囚商侯履				白廿二

中元之上元
第十一甲子。
大七赤。
小一白。
甲午入山火
黃。

桀辛
白廿七

商王外丙
商王仲壬
商王太甲

白廿八
商王仲丁

白廿九
商王小庚

白三十

商王小甲
水運金年
季火

中元之中元
第十二甲子
大八白
小四綠
甲午入水火
既濟
經世丙寅入
巽

商王雍己
金三
商王太戊
金四
金五
金六
金牛二度

地理新書

中元之下元
第十三甲子
大九紫
小七赤

甲午八風火
家人

金八

金九

金十
商王河亶
甲遷相

商王外壬

二季太陽

商王仲丁
遷嚣

金十一

金七

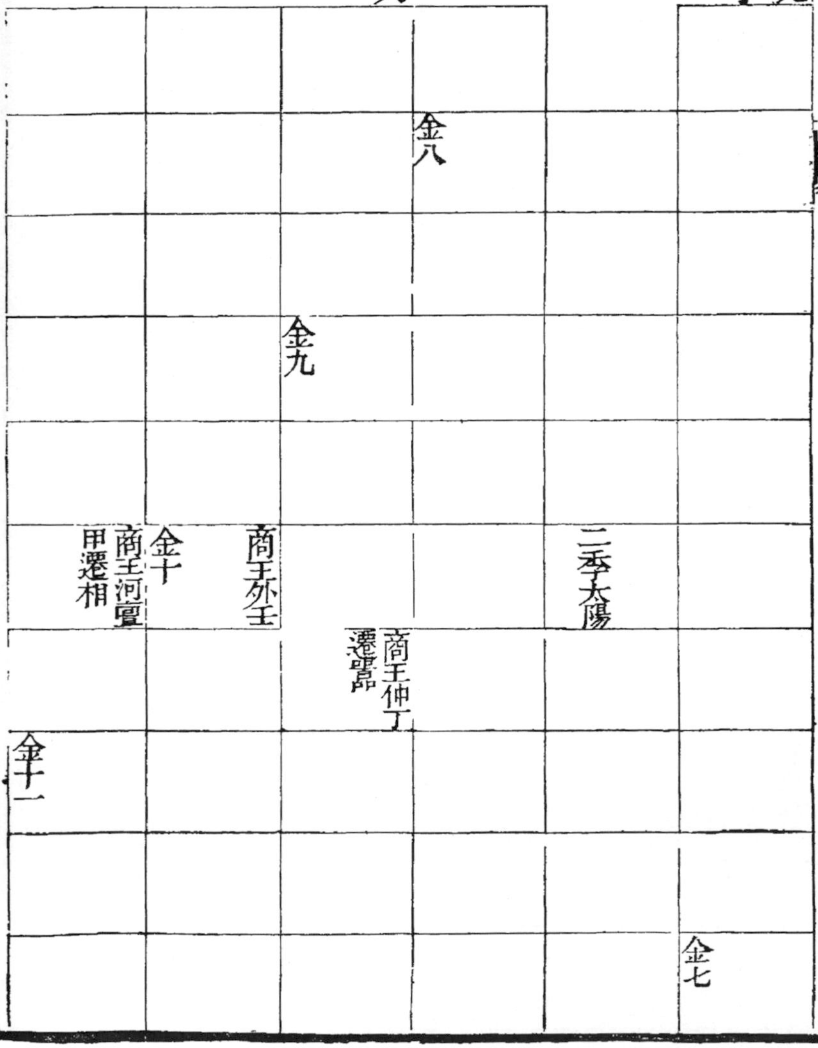

中元之上元
第十四甲子。
大一白
小一白

甲午入雷火
豐

金十三

商王南庚
遷奄

金十四
商王祖丁

三季丁水星

商王祖辛

商王祖乙
遷耿遷庇

金十五

金十六

商王陽甲

商王開甲

金十一

中元之中元　商王盤庚

第十五甲子　遷殷

大二黑

小四綠

甲午入離卦　商王小辛

金十八

商王小乙

金十

商王武丁

金二十

經世戊寅八

井

金廿一

金十七

中元之下元
第十六甲子〇
大三碧
小七赤

甲午入澤火
革

金廿二

四季土星

金廿三

金廿四

商王祖庚

金廿五

商王祖甲

金廿六

中元之上元

第十七甲子。

大四綠

小一白。

甲午入天火商王庚丁

同人

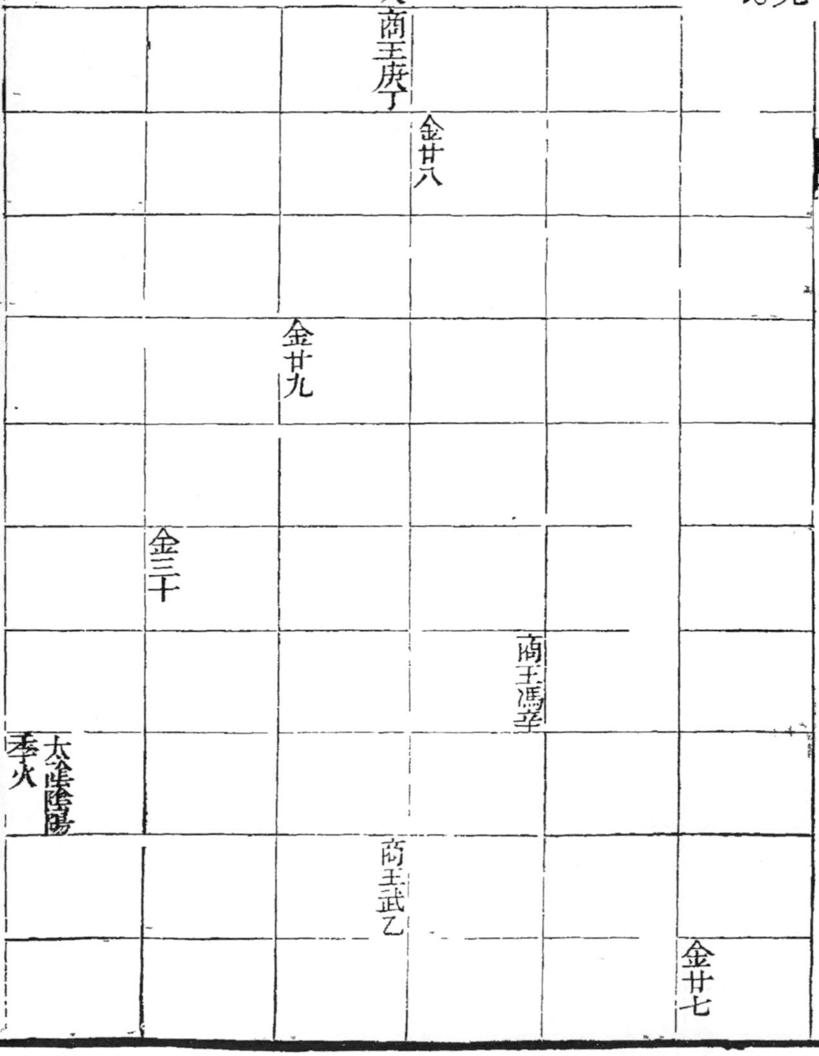

金廿八

金廿九

金三十

商王馮辛

太陰陰陽

季火

商王武乙

金廿七

中元之中元
第十八甲子。
大五黃。
小四綠。
同人至癸亥止。
經世戊寅入蠱。

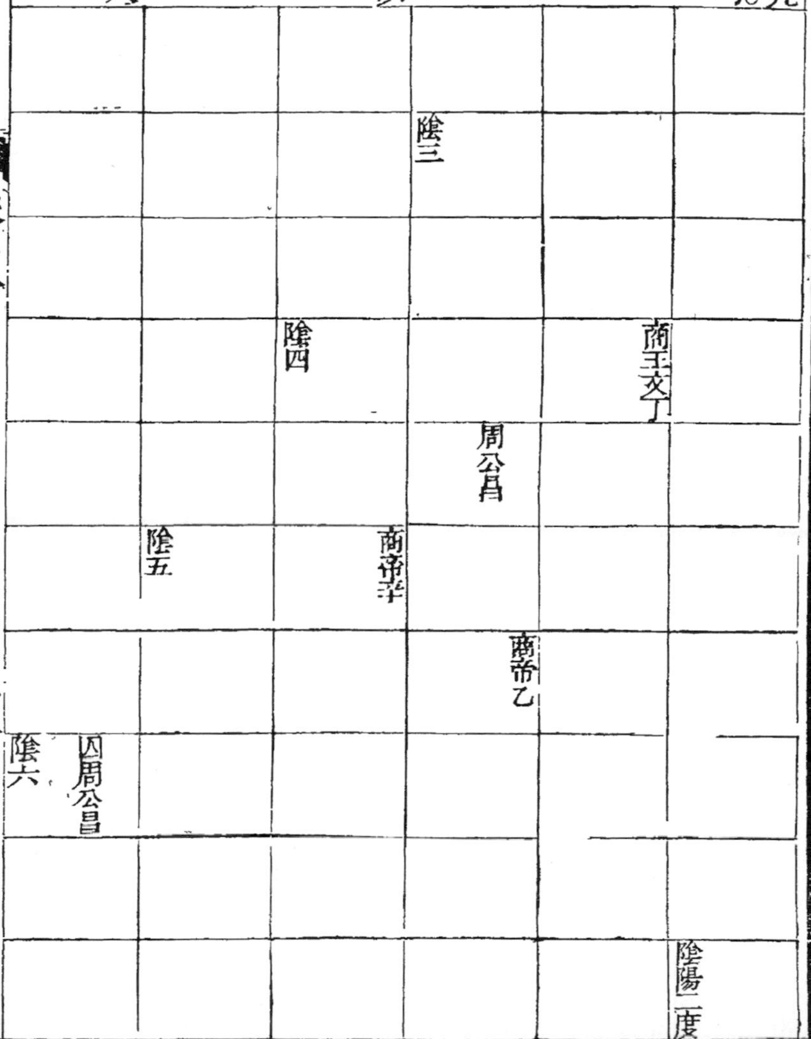

陰三
商王文丁
陰四
周公昌
商帝辛
陰五
商帝乙
四周公昌
陰六
陰陽二度

中元之下元第十九甲子。大六白。小七赤。甲子入兌卦統運。交地澤臨主運。

周營鎬

釋周公昌

命昌西伯

陰七

周遷豐

西伯昌卒　二季太陽

西伯發

陰八

觀兵孟津

諸侯伐殷

伐殷武成

周武王

周成王命營

陰九

營成周

營洛

陰十

周文公薨

陰十一

中元之上元第二十甲子。大七赤。小一白。

甲午入山澤損。

陰十二

周康王

魯考公

魯煬公

魯幽公

陰十三

陰十四

周昭王

魯魏公
三季水星

陰十五

恒星不見

王伐楚陟

周穆王

居南鄭

陰十六

中元之中元。第二十一甲子。
大八白。
小四綠。

甲午入水澤節。

經世戊寅入周共主。升。

西征

陰十八

曾厲公
陰十九

作呂刑
陰二十

西征

陰廿一

陰十七

中元之下元第二十二甲子。
大九紫。
小七赤
甲午入風澤中孚。

魯獻公
陰廿三
初監謗
周懿王
魯眞公
陰廿四
周厲王
陰廿五
王奔彘
四孝十星
周夷王
共和之政
陰廿六
周孝王
陰旦一

中元之上元第二十三甲子。

大一白。

小一白。

甲午入雷澤歸妹。

周宣王

陰廿八

魯公子伯御

魯武公

魯懿公

魯孝公

陰廿九

陰三十

周幽王

土運巨蟹

季火

陰廿七

中元之中元第二十四甲子。
大二黑。小四綠。
甲午入火澤睽。
經世丙寅入訟。

巨三
巨四
巨五
魯隱公
巨六
周桓王

周平王東
犬戎之亂遷
賜秦晉田
魯惠公
巨蟹二度

中元之下元。第二十五甲子。大三碧小七赤。甲午入兌卦。

	周惠王		巨八 周莊公		
		齊桓公			
		巨九			
			魯莊公		
	巨十		二季太陽		
魯閔公		周釐王			魯桓公
巨十一					
秦穆公 魯僖公					
		晉武公			巨七

中元之上元。第二十六甲子。大四綠。小一白。

甲午入天澤履。

周襄王

宋襄公

巨十二

晉文公

巨十三

魯文公

巨十四

周頃王

楚莊王

周匡王

魯宣公

周定王

三季水星

巨十五

巨十六

中元之中元第二十七甲子
大五黃。小四綠。
履至癸亥止
巨戊寅入

			巨十八		
				周簡王	
周景王		巨十九			
	巨二十		魯襄公		
魯昭公	孔子生		周靈王		
巨廿一					魯成公
					巨十七

中元之下元第二十八甲子。大六白。小七赤。甲子入乾卦統運交地天泰。

			巨廿三		
	魯哀公	巨廿四			
	巨廿五		四至十二星		
巨廿六					
孔子卒			魯定公	周敬王	
					巨廿二

中元之上元。第二十九甲子。大七赤。小一白。

甲午入山天大畜。

周元王

魯悼公

巨廿八

周威烈王

巨廿九

巨三十

周考王

木運獅子季火

周貞定王

巨廿七

魯元公

中元之中元第三十甲子。大八白。小四綠。

甲午入水天需。

經世戊寅八未濟。

	魯穆公				
		獅三	田和篡齊	魯共公 韓哀侯	
				周列王	
			秦獻公 田齊桓公 獅四	趙成侯	
	韓趙魏侯				
				獅五	
	周安王				秦孝公 燕文公
			楚肅王	魏惠韓趙 滅晉	獅六
獅子二度			齊威公	周顯王	韓昭侯

中元之下元。第三十一甲子。大九紫。小七赤。

甲午入風·八小畜。

			秦惠文王		
秦昭襄王	魯平公		獅八		
		趙武靈王		魯景公	
	周赧王	獅九			魯康公
	齊閔王				
	獅十 韓襄王 燕昭王		二乘十太陽 韓宣惠王 齊宣王		
	秦武王		燕易王		
獅十一		燕噲 周慎靚王			
				楚威王	趙肅侯
趙惠文王 楚頃襄王		魏襄王	楚懷王		獅七

中元之上元第三十二甲子。
大一白。
小一白。
甲午入雷天大壯。

一	二	三	四	五	六
				燕孝王	
魯湣公		魏安釐王 獅十三		西周亡	秦始皇
韓僖王 魏昭王			趙孝成王		
			齊王建 獅十四	燕王喜	趙悼襄王 三季水星
	齊襄王	魯頃公			
		韓桓惠王	楚考烈王	獅十五	魏景閔王
		燕武成王			
				秦孝文王 秦莊襄王 東周亡	獅十六
獅十二	燕惠王				韓王安

中元之中元第三十三甲子。
大二黑。小四綠。
甲午入火天大有。
經世戊寅入解。

楚幽王

趙幽穆王

衛君角

獅十七

楚王負芻 趙代王嘉

魏王假

秦二世

豪傑起兵項羽復楚

獅十八

漢王滅秦項羽奪楚

諸侯滅楚

漢高帝

獅十九

漢惠帝

獅二十

漢少帝

漢文帝

獅廿一

中元之下元。第三十四甲子。大三碧。小七赤。

甲午入澤天夬。

漢景帝
獅廿三
漢文帝後元
漢景帝後元
獅廿四
漢武帝元光
四季土星
獅廿五
漢武帝元狩
漢武帝建元
獅廿六
漢景帝中元
獅廿二
漢武帝元朔

中元之上元。第三十五甲子。大四綠。小一白。

甲午入乾卦。

漢武帝元鼎

漢武帝元封

獅廿七

漢武帝太初

漢武帝天漢

漢武帝太始

漢武帝征和

漢武帝後元

獅廿八

漢昭帝始元

漢昭帝元鳳

獅廿九

漢昭帝元平

漢宣帝本始

漢宣帝地節

獅三十

漢宣帝元康

漢宣帝神爵

火運雙女

季火

中元之中元。第三十六甲子。大五黃。小四綠。

乾至癸亥止以上四卦俱自地右旋。

經世丙寅入漢。

漢宣帝五鳳
漢宣帝甘露
漢宣帝黃龍
漢元帝初元

漢元帝永光
雙女二度
漢元帝建昭

女三
漢元帝竟寧
漢成帝建始
漢成帝河平

女四
漢成帝陽朔
漢成帝鴻嘉

漢成帝永始
女五
漢成帝元延
漢成帝綏和

漢哀帝建平
漢哀帝元壽
女六
漢平帝元始

中元之下元第二十七甲子。

大六白，小七赤。

甲子入巽卦統運交天風姤以下俱自天左旋。

漢孺子嬰居攝

漢孺子嬰始初

王莽始建國

王莽天鳳

王莽地皇

女七

漢淮陽王更始

漢光武帝建武

女八

二季太陽

女九

女十

漢光武帝中元

漢明帝永平

女十一

中元之上元
第三十八甲子
大七赤
小一白
甲午入澤風大過

女十二

漢章帝建初

漢章帝元和
女十三
漢章帝章和
漢和帝永元

女十四

漢和帝元興
漢殤帝延平
漢安帝永初
女十五

漢安帝元初
三李水星
漢安帝永寧
女十六
漢安帝建光
漢安帝延光

中元之中元
第三十九甲
子
大八白
小四綠

甲午入火風
鼎

經世丙寅入
坎

列	一	二	三	四	五	六	七	八	九	十
一			漢順帝永建						漢順帝陽嘉	女十七
二			漢順帝永和						漢順帝漢安	
三	漢順帝建康	漢沖帝永嘉 女十八	漢質帝本初	漢桓帝建和				漢桓帝和平	漢桓帝元嘉	漢桓帝永興
四		漢桓帝永壽		女十九	漢桓帝延熹					
五				漢桓帝永康	漢靈帝建寧	女二十			漢靈帝熹平	
六				漢靈帝光和					女廿一	

中元之下元第四十甲子。大九紫。小七赤。

甲午入雷風恒。

漢靈帝中平
女廿二
漢獻帝初平
漢獻帝興平
漢獻帝建安
女廿三
四季土星
曹操加王
蜀漢
魏文帝黃初
漢昭烈帝章武
漢後帝建興
女廿四
魏明帝太和
魏明帝青龍
女廿五
漢後帝延熙
魏明帝景初
魏齊王正始
女廿六

中元之上元第四十一甲子。大一白、小一白。

甲午入巽卦。

經世甲寅入蒙。

	魏高貴公正始	魏元帝咸熙			
		晉武帝太始	女廿八 晉武帝咸寧		
	魏高貴公甘露				
			女廿九		
	漢後帝景耀				
魏齊王嘉平					女三十
	魏元帝景元		晉武帝太康	晉惠帝永熙	晉惠帝永康
				晉惠帝元康	晉惠帝永寧 太陽天秤 李土
女廿七	漢後帝炎興				

中元之中元第四十二甲子。大二黑。小四綠。甲午入水風非。

晉惠帝永興
晉惠帝光熙
晉懷帝永嘉
晉元帝建武
晉元帝太興
晉成帝咸和
秊三
晉成帝咸康
晉穆帝永和
秊四
晉穆帝升平
秊五
秊六
晉元帝永昌
晉哀帝隆和
晉愍帝建興
天秊二度
晉明帝太寧
晉康帝建元
晉哀帝興寧

中元之下元。第四十三甲子。大三碧。小七赤。甲午入山風蠱。

		秤八		晉安帝義熙	
晉海西公太和	晉孝武帝太元	北魏道武			
			晉安帝隆安 秤九		
		二季太陽		北魏明元 秤十	晉恭帝元熙
					宋高祖永初
晉文帝咸安					秤十一
			晉安帝元興		
晉孝武帝寧康 秤七					宋營陽王景平

中元之上元第四十四甲子

大四綠

小一白

甲午入地風升

經世壬寅入師

宋文帝元嘉 北魏太武			宋孝武帝孝建		
		秤十三		宋明帝太始	
				北魏獻文	
			宋孝武帝大明 秤十四		宋順帝昇明 三季水星
				秤十五	齊太祖建元
				北魏孝文	
				宋明帝泰豫	秤十六
		北魏文成		宋蒼梧王元徽	
秤十二					齊武帝永明

中元之中元
第四十五甲
子：
大五黃
小四綠
升至癸亥止

齊蕭彤林王隆昌
秤十七
齊明帝建武
齊明帝永泰
齊東昏侯永元
北魏宣武
齊和帝中興
梁武帝天監
秤十八
北魏孝明
梁武帝普通
秤十九
梁武帝大通
北魏孝莊
梁武帝中大通
北魏東海
北魏安定
北魏節閔
北魏孝武
秤二十
梁武帝大同
東魏孝靜
西魏文帝
秤廿一

中元之下元

第四十六甲子

大六白

小七赤

甲子入坎卦

統運交天水訟

梁武帝中大同

梁武帝太清

梁簡文大寶

梁元帝承聖

西魏廢帝

秠廿二

西魏恭帝

梁敬帝紹泰

梁敬帝太平

陳高祖永定

陳文帝天嘉

秠廿三

陳文帝天康

陳臨海王光大

陳宣帝太建

四季土星

秠廿四

隋高祖開皇

陳長城公至德

秠廿五

隋高祖仁壽

秠廿六

中元之上元第四十七甲子
大七赤
小一白
甲午入澤水困
經世戊寅入遯

隋煬帝大業

秊廿八

唐高宗顯慶

隋恭帝義寧 唐高祖武德

唐太宗貞觀

秊廿九

秊三十

唐高宗永徽

唐高宗龍朔

金運六鳴 季火

秊廿七

中元之中元。第四十八甲子。大八白。小四綠。甲午入火水未濟。

唐高宗麟德		唐高宗上元	唐武后光宅		唐武后延載		唐中宗神龍		
			唐武后垂拱	蝎三	唐武后天冊				
唐高宗乾封		唐高宗儀鳳			唐武后萬歲通天		唐中宗景龍		
					唐武后神功	蝎四			
唐高宗總章					唐武后聖歷				
		唐高宗調露	唐武后永昌				唐睿宗景雲	蝎五	
唐高宗咸亨		唐高宗永隆	唐武后天授		唐武后久視				
		唐高宗開耀			唐武后長安				蝎六
		唐高宗永淳	唐武后長壽				唐玄宗先天		
	天蝎二度	唐高宗宏道					唐玄宗開元		

中元之下元。第四十九甲子。

大九紫。小七赤。

甲午入雷水解。

蝎七

唐玄宗天寶

唐肅宗至德

唐肅宗乾元

唐肅宗上元

唐肅宗寶應

唐代宗廣德

蝎八

三季太陽

唐代宗永泰

唐代宗大律

蝎九

蝎十

唐德宗建中

蝎十一

中元之上元。
第五十甲子。
大一白。
小一白。
甲午入風水渙。
經世庚寅入咸。

唐德宗興元
唐德宗貞元
蝎十二
唐順宗永貞
唐憲宗元和
蝎十三
唐穆宗長慶
唐敬宗寶律
唐文宗太和
蝎十四
唐文宗開成
蝎十五
唐武宗會昌
三季十水星
蝎十六

中元之中元。

第五十一甲子。

大二黑

小四綠。

甲午入坎卦。

唐宣宗大中

唐懿宗咸通

蝎十七

唐僖宗乾符

蝎十八

唐僖宗廣明

唐僖宗中和

唐僖宗光啓

蝎十九

唐僖宗文德

唐昭宗龍紀

唐昭宗大順

唐昭宗景福

唐昭宗乾寧

唐昭宗光化

蝎二十

唐昭宗天復

蝎廿一

中元之下元第五十二甲子。

大三碧。小七赤。

甲午入山水蒙。

一	二	三	四	五	六
唐昭宗天祐			後唐潞王清泰	後晉開運	
唐昭宣天祐		蝎廿三			後周世宗顯德
契丹稱帝		後唐明宗天成	後晉天福		
後唐晉王			契丹稱遼　蝎廿四	後漢天福	
				後漢乾祐	
後唐莊宗		四季土星		蝎廿五	
		後唐明宗長興			宋太祖建隆
				後周太祖廣順	蝎廿六
蝎廿二	後唐莊宗同光				宋太祖乾德

中元之上元第五十三甲子。大四綠。小一白。

甲午入地水師。

經世庚寅入旅。

宋太祖開寶

蝎廿七

宋太宗太平興國

宋太宗雍熙

宋太宗端拱

宋太宗淳化

蝎廿八

宋太宗至道

宋真宗咸平

宋真宗景德

蝎廿九

宋真宗大中祥符

宋真宗天禧

蝎三十

水運入馬季火

宋真宗乾興

宋仁宗天聖

中元之中元。第五十四甲子。大五黃。小四綠。

師至癸亥止。

宋仁宗景祐

宋仁宗至和

宋英宗治平

入三

宋仁宗嘉祐

入四

宋仁宗寶元

宋神宗熙寧

宋神宗元豐

宋仁宗皇祐

入五

宋仁宗康定

宋仁宗慶律

入六

宋仁宗明道

入馬二度

中元之下元第五十五甲子。
大六白。
小七赤。
甲子入旦統運交天山遯

宋哲宗元祐

八七

宋哲宗紹聖

宋哲宗元符

宋徽宗建中靖國

宋徽宗崇寧

宋徽宗大觀

二季十七陽

宋徽宗政和

八八

金人稱帝

宋徽宗重和

宋徽宗宣和

宋欽宗靖康

宋高宗建炎

八九

宋高宗紹興

八十

八十一

中元之上元第五十六甲子。大七赤。小一白。

甲午入澤山咸。

經世庚寅入小過。

八十二 宋孝宗隆興

宋孝宗乾道

八十三

宋孝宗淳熙

八十四

宋光宗紹熙

八十五

宋寧宗慶元

三季水星

宋寧宗嘉泰

八十六

中元之中元第五十七甲子。

大八白。

小四綠。

甲午入火山旅。

宋寧宗開禧

宋理宗寶慶

八十八

宋理宗端平

宋寧宗嘉定

宋理宗紹定

宋理宗嘉熙

八十九

宋理宗淳祐

八二十

宋理宗開慶

宋理宗景定

八廿一

八十七

中元之下元第五十八甲子。
大八紫。
小七赤。

甲午入雷山小過。

宋度宗咸淳

宋恭宗德祐

宋端宗景炎

宋末帝祥興

元世祖至元

八廿二

元成宗元貞

八廿三

元成宗大德

八廿四

四季土星

元武宗至大

八廿五

元仁宗皇慶

元仁宗延祐

元英宗至治

八廿六

中元之上元。元泰定帝

第五十九甲泰定子。

大一白。

小一白。

甲午入風山漸。

經世戊寅入漸。

元泰定帝致和

元文宗天律

元文宗至順

元順帝元紾

元順帝至元

元順帝至正

入廿七

明祖起兵

入廿八

明克金陵

入廿九

明太祖洪武

吳王改元

入三十

太陰麝竭季火

中元之中元
第六十甲子。
大二黑
小四綠。
甲午入水山塞。

曆揭二度
明成祖永樂
明惠宗建文
曆三
明仁宗洪熙
明宣宗宣德
曆四
明英宗正統
曆五
曆六

中元之下元。第六十一甲子。大三碧。小七赤。

甲午入艮卦。

明代宗景泰

曆七

明英宗天順

明憲宗成化

曆八

三季上太陽

曆九

明孝宗宏治

曆十

曆十一

中元之上元第六十二甲子。大四綠。小一白。

甲午入地山謙。

經世戊寅入蹇。

明武宗正德

磨十二

磨十三

磨十四

三季水星

磨十五

磨十六

明世宗嘉靖

中元之中元。第六十三甲子。大五黃。小四綠。

謙至癸亥止

明穆宗隆慶

明神宗萬曆

曆十七

曆十八

曆十九

曆二十

明光宗泰昌

明熹宗天啓

曆廿一

中元之下元。第六十四甲子。大六白。小七赤。

甲子入坤卦統運。交天地否。唐堯前十三年。至順治元年。共三千八百年。中元止。甲申下元始

明懷宗崇正

大清世祖順治

磨廿三

四季七星

磨廿四

大清聖祖康熙

磨廿五

磨廿二

磨廿六

今元之上元。第一甲子。大七赤。小一白。

甲午入澤地萃。

經世丙寅入艮。

磨廿七

磨廿八

大淸世宗雍正

磨廿九

大淸高宗乾隆

磨三十

寶瓶土運季火

今元之中元。第二甲子。大八白。小四綠。

甲午入火地晉。

寶[illegible]度

寶三

寶四

大清仁宗嘉慶

寶五

寶六

今元之下元第三甲子。大九紫。小七赤。

甲午入雷地豫。

經世辛丑入謙。

寶八

寶九

寶十

二季太陽

大清道光

萬萬年

宣宗卅年

文宗咸豐

寶十一

穆宗同治

寶七

今元之上元
第四甲子
大一白
小一白

甲午入風地
觀

光緒

寶十二

寶十三

寶十四

宣統

中華民國

寶十五

寶十六

乾初氏補

今元之中元
第五甲子
大二黑
小四綠

甲午入水地
比

寶十八

寶十九

寶二十

寶二十一

寶十七

今元之下元
第六甲子
大三碧
小七赤

甲午入山地剎

寶廿三

寶二十四

寶二十五

寶二十六

寶二十二

乾初氏補

今元之上元
第七甲子
大四綠
小一白
甲午入正坤
卦

寶二十七
寶二十八
寶二十九
寶三十

今元之中元、第八甲子
大五黃、
小四綠

甲午入坤卦
至癸亥止

乾初氏補

今元之下元
第九甲子
大六白
小七赤
甲子入震卦
統運復卦主
運
甲午入

乾初氏補

右所紀僅從歷代帝王正統畧舉其綱以便稽覽若列國諸侯與六朝五季之竊據閏位俱不載入限於格也漢人竄增年歲紀年無實故紫白卦運齟齬難合術家恪守師傳不知考古豈能盡合今此表三代年世之眞但循格推求上下四千載畢應然後知上古遺術如三正三統確有其象斗建歲差確有其數紫白卦運確有其源漢人註疏之謬諸儒聚訟之非俗術傳述之訛俱可得而指辨矣

厤家積年甲子異同辨

第一甲子起黃帝元年。

第二甲子黃帝六十一年。按黃帝在位百年。

第三甲子少昊二十一年。少昊元年當甲辰。

第四甲子少昊八十一年。少昊止丁卯。顓頊起戊辰。

第五甲子顓頊五十七年。顓頊止乙酉。帝嚳起丙戌

第六甲子帝嚳三十九年。帝嚳在位七十。有帝摯八年。

第七甲子帝堯二十一年。帝堯起甲辰。止乙卯。在位七十二年。帝舜起丙辰。

第八甲子帝舜九年。舜在位六十一。夏禹起丁巳。

第九甲子夏禹八年。禹在位二十七。啓九。太康二十九。

唐虞以前，竹書既不詳六甲。黃帝立少昊爲西帝，雖見周書，今姑無論。若唐虞之在位，載在二典，明且著矣。而削去舜攝之年，何耶？蓋由漢書麻志，但紀帝堯在位七十年，帝舜在位五十年也。不信聖人之經，而信劉歆之麻志，難乎爲據矣。況孟子又有舜薦禹十七年，兩居喪六年。若將舜元丙辰至丙辰，除去兩攝位，兩居喪，其爲帝止十年耳。恐重華協帝，庶績咸熙之治，必不若是促也。

第十甲子仲康三年。仲康十三，相二十七，寒浞亂國四十。

第十一甲子寒浞二十三年。少康二十六。杼十七。

第十二甲子帝槐四年。槐二十六。芒十八。泄十六。

第十三甲子帝不降四年。不降五十九。

第十四甲子帝扃五年。扃五十一。廑二十。

第十五甲子孔甲二十三年。孔甲三十一。昊十一。發十九。

第十六甲子帝桀二十二年。桀五十二。

以上夏后氏之世。起丁巳止甲午。凡四百五十八年。

按漢書厤志。有夏十七王。用歲四百三十二年。竹書同

今此又多二十六年。不知何據。其在位脩短。與竹書

皆不合。皇甫謐卒於竹書未出世之前。而獨與兩家異。

第十七甲子太甲十七年。成湯十三。太甲三十。沃丁二十九。

第十八甲子太庚十五年。太庚二十五。小甲十七。雍己十二。

第十九甲子太戊二十一年。太戊七十五。

第二十甲子仲丁六年。仲丁十三。外壬十五。河亶甲九。祖乙十九。

第二十一甲子祖辛十年。祖辛十六。沃甲二十五祖丁三十二。

第二十二甲子祖丁二十九年。南庚二十五。陽甲七。盤庚二十八。

第二十三甲子盤庚二十五年。小辛二十一。小乙二十八。

第二十四甲子武丁八年。武丁五十九。祖庚七。

第二十五甲子祖甲二年。祖甲三十三。廩辛六。庚丁二十一。

第二十六甲子武乙二年。武乙四。太丁三。帝乙三十七。

第二十七甲子紂十八年。紂三十二。

以上商世起乙未止戊寅凡六百四十四年。漢書厤志三十一王用歲六百二十九。今此又多十五年。且止二十七王。缺外丙仲壬。馮辛三王。史記竹書皆有之外丙仲壬。既見孟子。似亦不當復削矣。

第二十八甲子康王二年。武王元巳卯。在位七。成王三十七。康王二十六。

第二十九甲子昭王三十六年。昭王五十一。

第三十甲子穆王四十五年。穆王五十五。共王十二。懿王二十五。

第三十一甲子孝王十三年。孝王十五。夷王十六。厲王三十七。

第三十二甲子共和五年。共和之政十四。宣王四十六。

第三十三甲子幽王五年。幽王十一。以下與史表竹書同。

第三十四甲子桓王三年。

第三十五甲子惠王二十年。

第三十六甲子定王十年。

第三十七甲子景王八年。

第三十八甲子敬王四十三年。

第三十九甲子威烈王九年。

第四十甲子顯王十二年。

第四十一甲子赧王十八年。

第四十二甲子秦始皇帝十年。自此至元世祖甲子天正又千五百年二十五甲子

以上周世起武王巳卯。止東周壬子。凡八百十四年。

宣王以下。與史記年表及竹書皆同。宣王以上皆異。史記不能詳。良由流彘之亂。故府典章喪失。也竹書

紀厲王二十六年。其十三年王在彘。共伯和始攝行天子事。至二十六年。而王陟於彘。立太子靖。共和之政凡十四年。仍紀入厲王於義爲得。若史記以共和爲二伯已謬矣。且在厲王三十七年後。別紀十四年。豈召穆公能以其子代太子死。而容共和別紀年者。乎。前不屬於亡王。後不屬於太子。而別紀攝位之年。與篡奪何異。竊恐三代之盛。必無此理。至如武王在大祥而伐紂。文王以虞芮質成爲受命。種種礙於聖德。皆所不當從。若秦漢以下。世史昭然。固難異同。但總稽唐堯元年。至秦始皇十年甲子天正。竹書起丙子。凡一千九百零八年。玆紀起甲辰。凡二千一百二十年。除去甲辰至丙子三十二。其三代之際。亦多百八十年。然則三代帝王在位之年。各各不同。而所差總數。卻又同乎百八十。其爲厤家所僞。亦無疑矣。大約漢世諸緯之學。散在人間。皇甫謐據之作世紀。邵子又據之作經世。皆未詳考也。至如邵子經世。以夏禹八年甲子。起午會第一運。至至元甲子。通三千六百年。實六十甲子。其至元甲子爲六十一之首。而邢氏又以夏禹八年甲子爲第九。至至元甲子爲六十七。則邢氏所紀。尚少二甲子。更將何是。今按竹書夏王啓二年得甲子。下距至元實三千二百四十年。止有五十四甲子。而邵子總多四甲子。則所謂六十一甲子者。乃至洪武十七年之甲子也。祝泌本同。今術家又誤爲至元甲子。是經世多四甲子。而用經世者又多二甲子矣。以訛傳訛。可勝風葉哉。

地理辨正補卷之二終

地理辨正補卷之三

桐鄉朱　蕁小鶴補傳

葬經七篇

晉郭景純著

定卦章

經曰。太極判。兩儀立。萬物既生象數呈。河出圖。洛出書。造化已成卦體顯。一與六。二與七。一六與二七。其縱對。三與八。四與九。三八與四九。其橫對。爲陰陽。爲剛柔。爲氣。爲質。爲夫婦之道。伏羲則之。以畫卦象。其生動。四象有數。八卦有位。從中而立。自下而上。天象陽儀。地象陰儀乾坤東艮兌南震巽西坎離北一元兆絪縕交密自元而亨自利而貞陽主動陰主靜勾萌甲坼耳目手足有上下乾南坤北離東坎西兌東南巽西南艮西北震東北為對待陰濟陽陽濟陰萬物化生四時五行一生一成東甲乙南丙丁西庚辛北壬癸中戊己一二三四五六七八九自離而兌而乾而巽自坎而艮而坤而震春夏主生數秋冬主成數卦體順象數逆名先天文王之卦為天地用其四象其五行各自為極水木中火金上水火陽木金陰為奇偶自然而成性北生乾坎東生

艮震南生巽離西生坤兌八節運寒暑推移十二次舍爲支神居四正以輔卦氣干聚散支散聚爲天爲地爲流行作寄宮名後天

傳曰有始於無萬生於一太極未判之前本無有物無象無數無方隅既判之後陰陽二氣爲之鼓動而兩儀立焉自兩而四自四而八所謂一生二二生三三生萬物由是百千萬億之數四維八方之象呈焉推原天地象數之祖實始於河圖洛書圖數有十書數惟九蓋十者數之成也數成而五行備數非九不

生非十不成。九以通之。十以節之。九以行之。十以止之。九者變通之機。十者五行之敘也。方隅對待。中五含五。而十數已具於九數之中。此以見體用之不相離。而圖書所爲相經緯也。造化已成卦體顯著。乃一六在下。二七在上。三八居左。四九居右。一六與二七爲縱對。三八與四九爲橫對者。蓋天數中於五。地數中於六。天有陰陽。故二其五爲一十。合三與七。一與九。亦十也。地有剛柔。故二其六爲十二。合四與八。二與十。亦十二也。十爲干。十二爲支。干者五行有陰陽也十二支者六氣有剛柔也一陰一陽一奇一偶此陰彼陽此剛彼柔爲陰陽爲剛柔爲氣爲質爲夫婦之道交以氣媾以質一感應之理動靜之機也唯聖人能知能行故伏羲則之而仰觀俯察因有四象之數圖生數老陽一居北老陰四居西二方共得五數少陰二居南少陽三居東二方亦得五數此生數陰陽老少之有合也成數老陰六居北老陽九居西二方共十五數少陰八居東少陽七居南二方亦十五數此成數陰陽老少之有合也書一對九爲十老

陽之相得也四對六爲十老陰之相得也二對八爲十少陰之相得也三對七爲十少陽之相得也一合五爲六故一與六自相得二合五爲七故二與七自相得三合五爲八故三與八自相得四合五爲九故四與九自相得在在以五分之以五合之而五爲立極之所故曰中五立極也從中而立自下而上本之河洛以畫八卦一三五七九屬奇皆天之數陽儀也二四六八十屬偶皆地之數陰儀也圖數偶偶者靜靜以動爲用故河圖之位合皆奇易之吉凶生乎動

蓋靜者必動而後生也。書數奇。奇者動。動以靜爲用。故洛書之位合皆偶。範之吉凶見乎靜。蓋動者必靜而後成也。經曰。乾坤東。乾納於甲。坤納於乙也。艮兌南。艮納於丙。兌納於丁也。震巽西。震納於庚。巽納於辛也。坎離北。離納於壬。坎納於癸也。戊本納坎。已本納離。爲日月之本體。居中不用也。乾坤艮兌震巽坎離。自具生成。摩盪賦氣。成形之妙。自元而亨。由生而旺也。自利而貞。告成來復也。動靜終始。無一息之停。無一時或閒。勾萌甲坼。陽生陰死。陽動陰靜。如耳目手足上下不紊即卦位之對待者言乾南坤北天上地下也離東坎西日升月恆也兌東南艮西北澤流山峙也震東北巽西南風動雷鳴也陰陽升降四序迭更春木夏火秋金冬水四季土一生一成有迭運之機有相生之次流行代謝萬物化生一二三四五六七八九自離而兌而乾而巽甲離乙兌丙乾丁巽為春夏生數蓋離兌之中為春分以至於乾末巽初而交夏至矣自坎而艮而坤而震庚坎辛艮壬坤癸震為秋冬成數蓋坎艮之中為秋分以至於坤末震

初而交冬至矣卦體順生指圖數之流行者言木火土金水也象數逆克指圖數之對待者言水火木金土也是名先天文王之卦爲天地用則變易無常錯綜不一其四象五行各自爲極隨時而中用一卦以管八卦而卦自爲極也昔黃帝征蚩尤以七赤入中代太歲之職取以火制金之義故河洛四九與二七易位而火金爲上上元甲子起七赤水木爲中中元甲子起一白三合同一氣寅午戌炎上火也申子辰潤下水也其支皆陽巳酉丑從革金也亥卯未曲直

本也。其支皆陰。一奇一偶。迭相成配。自然成性。不假強爲。氣至則生矣。帝出乎震。陽氣萌動。萬物潛滋也。齊乎巽。陽氣熾盛。萬物潔齊也。相見乎離。陽道昌明。萬物相見也。致役乎坤。委力致用。萬物長養也。悅言乎兌。充足歡悅。萬物告成也。戰乎乾。嚴寒搏擊。萬物閉藏也。勞乎坎。休息慰勞。萬物任養也。成言乎艮。巳成肇始。萬物芽蘖也。由出而齊而相見。帝之鼓乎出機也。而致役則由出以向乎入焉。由悅而戰而勞。帝之鼓乎入機也。而成則由入以向乎出焉。起震終艮。

一歲之周也。而循環之妙在其中矣。日躔始於乾亥。故登明爲正月將。而亥爲天門。値年禽星起氐終亢。十二支起子終亥。皆從天門帝座左右分命所始。次舍右轉。而方位左旋。冬夏二至。爲晝夜永短之極。故厤元起於子正冬至。一陽始生。其象爲復。由是而二陽三陽四陽五陽。至四月則純乎陽矣。五月夏至。一陰始生。其象爲姤。由是而二陰三陰四陰五陰。至十月則純乎陰矣。蓋陽極陰生。陰極陽生。盛衰消長。終古如斯。經曰。北生乾坎。東生艮震。南生巽離。西生坤兌自冬而春而夏而秋也八節者即二分二至四立爲八節也寒暑推移水火迭運日躔十二次舍太陽交中氣過宮黃道赤道雖古今歲差不同而分度常經四正有位未常變易輔以四維八干共成二十四方但在天次舍六陰六陽祇有十二宮辰干維雖有其方實在支之兩宮交界故曰干聚散寅申巳亥辰戌丑未似介兩卦之閒而稍偏即能出卦然在天實有次舍即單向亦不離支之本位故曰支散聚爲天爲地爲流行則二氣旋轉五運循環代謝屈伸流行

終始後天之卦本河圖五行之序正合地支之次雖用以測八方之龍定子母之氣而五氣之進退遍於一時初不以位限焉作寄宮者蓋八卦九宮相爲表裏而中黃無位寄於四維也是名後天見氣有靜動死生之異理取生克制化之宜變動無常往來摩盪盡陰陽之用而不與先天同也此推原定卦之理實本乎天地自然之數者如此

形炁章

經曰先後定陰陽二氣爲之鼓動清濁分水土之形爲

之摩盪氣主天形主地形載氣氣載形而理以形存其氣枯其理失是謂虛匡廓於物爲速朽於人爲待斃於事爲不祥於葬爲流禍其方所曰前曰後曰左曰右曰東曰西曰南曰北形於此氣彼形於彼氣此如影響其氣清爲貪爲智爲富貴壽考其氣濁爲不肖爲愚爲貧賤大折徵氣於形形邪則正形強形弱形聚形散老壯大小莫顯於氣氣曰吉氣凶凶氣無形形氣無色色天理地理人理一三三一其原同

傳曰先後指天言先後定而陰與陽默爲鼓動則氣

自濟通故氣主天。淸濁指質。言淸濁分。而水與土交相摩盪。則形自融結。故形主地。形載氣。有形卽有氣也。氣載形。有形卽有形也。形與氣雖判而爲二。而實則天之氣。常依於衆形而無時不下降。地之形。常附於元氣。而無時不上升。其中有至理存焉。使其氣枯其理失。則其形塊然不靈。是爲虛匡廓。蓋徒具是形而中無主宰。雖山明水秀。止堪供耳目之玩。而不足爲化育之機。是以在物爲速朽在人爲待斃。在事爲不祥。在葬爲流禍也。方所。卽四正四維之方位。立極於中總有上下四旁爲前後爲左右爲南北爲東西以一臨八易地皆然無一定之所也上文論形氣就大概言此下從方所指明形氣之感兆形在此氣卽在彼形在彼氣卽在此陽從陰陰應陽彼此對待如影隨形如響應聲故審卦位之方以察流行之氣如夫婦配合子母生成一卦清純合五合十其氣清矣清則爲賢爲智爲富貴壽考如出卦無主與時相背陰陽差錯龍水不對其氣濁矣濁則爲愚爲不肖爲貧賤夭折此固事之所必至者故徵氣於形形邪則

邪。形正則正。強弱聚散老壯大小。莫不皆然。是天下之至顯者莫如氣。所謂誠之不可掩也。氣吉則吉。謂乘旺得時卦氣合運也。氣凶則凶。謂當運受殺卦氣失元也。氣本無形而卽寓於形。則審氣仍在於形。氣本無色而實見於色。則審氣仍在於色。故曰氣無形形。氣無色色也。夫天運轉移。臧否靡定。而脩吉悖凶之理則有定。是曰天理。地氣往復。隨時變易。而衰旺生死之理則不易。是曰地理。聖人致知格物。盡性至命。而上律焉。下襲焉。是曰人理。天地人三才並建一

理也故立天之道曰陰與陽立地之道曰柔與剛立人之道曰仁與義三郎一一郎三其原實同天下豈有二理哉

交媾章

經曰陽陰交陰陽媾察其來去以知邪正正非正得偶正邪非邪失偶邪氣從陽形從陰先天體後天用理從先氣質從後是謂顛倒錯綜因位置以分清濁縱縱橫橫清縱橫橫縱濁其八卦三爻爻有變爻自爲卦東卦西西卦東南卦北北卦南不知來審去不知去審來知

去順知來逆陽陰陰陽順是謂對待爲配偶萬物亨國家昌諸祥集子孫福澤無旣陽陽陰陰逆是謂錯出爲苟合沴氣行國家殄諸殃集子孫淫佚荒蕩

傳曰陰陽二氣互爲其根眞陰眞陽無時不交會故陽生於陰陰成於陽陽陰交陰中有陽也陰陽媾陽中有陰也察其氣之來去以知邪正正非方正之謂得偶卽謂之正邪非欹邪之謂失偶卽謂之邪得偶失偶卽下陽陰陰陽陽陽陰陰是也夫地理之道不外形氣二字氣從陽所謂乾陽生氣也形從陰以氣

本無形而陰則有質也先天爲體以對待交媾爲主後天爲用以交媾生克爲主理從先陰陽根於太極理之精也氣質從後陰陽自爲消長數之變也順逆殊途老少易位故曰顛倒錯綜因位置以分清濁其應縱則縱應橫則橫所謂經緯縱橫陰陽相配也若當縱而橫當橫而縱則經緯失度山水不對矣清濁不分於此哉其八卦之中每卦三爻爻有變動各自爲卦東卦不以東爲主而卦反在西西卦不以西爲主而卦反在東南卦不以南爲主而卦反在北北卦

不以北爲主而卦反在南即坎以離爲用兌以震爲用江南龍來江北望江西龍去望江東也蓋用卦之妙妙在倒排而二十四山方得生旺故不知來自何方則審其自何方而去便知來處不知去自何方則審其自何方而來便知去處知去順一二三四也猶自今日而順數昨日也故曰數往者順知來逆四三二一也猶自今日而逆計來日也故曰知來者逆順即是逆前車之鑒也逆即是順後事之師也數往察來以辨吉凶陽在陽位而有陰以應之陰在陰位而

有陽以從之是謂對待爲配偶萬物亨國家昌諸祥集子孫福澤無旣所謂陰陽相見福祿永貞也陽不在陽位而反在於陰陰不在陰位而反在於陽是謂錯出與時相背爲苟合爲沴氣流行國家殄諸殃集子孫淫佚荒蕩所謂陰陽相乘禍咎踵門也禍福之來隨感而應可不愼哉

生克章

經曰觀後天之卦以定生克干從支從八卦從或一或四或東或西或南或北或前後左右察內外或生子孫

生內富貴克內災變凶禍為覆宗內克退敗窮厄為氣虛為盜財為喪偶其甲乙丙丁為氣旺為火金生庚辛壬癸為氣相為水木生為水火既濟其生不生其克不克明生克無泥生克卦定天地之自然近取諸身遠取諸物禍與福善與惡疾病之出觀衰旺辨強弱以此先知。

傳曰先天五行有對待而無生克若生克變易俱從氣機之流行者出所以論生克必觀後天之卦而審其為生為克其二十四方卦位均從一卦流轉八卦

陰陽相見干有宜在陰在陽者支有宜見陰見陽者八卦有宜爲陰爲陽者或二或四蓋用一卦必有二卦東西四卦也或在東或在西或在南北或前後左右內外上下父母子孫或生或克皆從此一卦而定故曰干從支從八卦從也生則吉克則凶孰生孰克就後天方位上定之然又非方位五行所能一定忽吉忽凶隨時變易富貴災禍興敗消長各見於生內克內及內克克之中大要不外乎得偶失偶得配失配所謂龍要合向向合水水合三吉位者此生克也所

謂陽若無陰定不成陰若無陽定不生者此生克也

夫甲乙爲木丙丁爲火戊己爲土庚辛爲金壬癸爲水金生水水生木木生火火生土土生金金克木木克土土克水水克火火克金此人人所知顧世之論生克者以甲乙木旺於東陽木龍順轉生亥旺卯墓未陰木龍逆行生午旺寅墓戌丙丁火旺於南陽丙火生寅旺午墓戌陰丁火生酉旺巳墓丑戊己土寄庫於辰戌庚辛金旺於西陽庚金生巳旺酉墓丑陰辛金生子旺申墓辰壬癸水旺於北陽壬水生申旺

子墓辰陰癸水生卯旺亥墓未甲癸同墓於未乙丙同墓於戌丁庚同墓於丑辛壬同墓於辰遂有左旋右旋順生逆克之説元運家又有坎水坤土震巽木中黄土乾兌金艮土離火生運克運爲洩爲煞主輔生旺退死之説紛紛較論均非生克之大關節惟甲乙丙丁爲氣旺爲火金生則知甲乙丙丁非專在方位上論而所謂氣旺者乃火局金局得生得旺時之甲乙丙丁爲旺也庚辛壬癸爲氣相則所謂氣相者亦水局木局得生得旺時之庚辛壬癸爲相也字字

懸空字字著實此卽大元空大三合之大五行也蓋水與火須相配火生於坎龍運自一順行至九水生於離水運自九逆行至一陽升陰降陰升陽降兩兩相配方成合十之用爲水火旣濟生何嘗生克何嘗克故曰明生克無泥生克此皆天地自然之定理無一毫穿鑿於其閒近取諸身乾爲首坤爲腹震爲足巽爲股坎爲耳離爲目艮爲手兌爲口先天所主隨感而應耳門鼻庫肩窩掌心虎口指節各有穴法遠取諸物乾爲馬坤爲牛震爲龍巽爲雞坎爲豕離爲

雉艮爲狗兌爲羊品類羣分因形察氣飛禽走獸獅象龜蛇日月旗鼓靡不消撥禍福不同善惡不侔星分喜忌境易時遷爲衰爲旺忽強忽弱以此能知誠哉其先知矣

龍行章

經曰幹不止枝止幹不結枝結既止既結觀交觀聚觀對觀關觀輔從觀鎮其形陰生陽陽生陰其氣陰配陽陽配陰坐無漏城無缺朝無傾斜界無直是謂氣止平地以水相其行行不離相其止止不離一卦其氣純是

謂吉葬陽在水陰在氣陰在水陽在氣是謂正龍正龍之地鬼福及人其干支閒卦維閒禍福無主本末俱虛曰異姓曰螟蛉曰贅壻曰繼嗣吉中凶凶中吉善惡同室災祥同途是謂雜氣雜氣之地倫常失人事乖也

傳曰山龍有幹有枝平洋水龍亦有幹有枝大幹行龍小枝結穴幹有大小之分而結穴之處不論幹之大小總須有枝方結所謂死者生之水之止處是也乘風則散界水則止是也水到窮時太極明太極定處五行根即此一止也第一義要識龍身行與止亦

此一止也。故曰幹不止枝止。幹不結枝結。既止既結。則有脈可尋。有氣可察矣。尤當辨其止之爲吉爲凶。非謂有此一止。卽可入用。故必觀其水之交處。與水之止處相合否。更觀其聚在何位。對何脈。關何氣。何水輔從。何宮開漾。起頂注光。鎭壓滿照。其形之方圓曲直。大小斜正。陰含陽。陽濟陰。陰陽配合否。其氣之生旺衰死。陰在陰位。陽在陽位。時序相得否。坐無漏息。致眞氣走泄。城無空缺。致形勢散蕩。城門出脈。必在三吉之位。乘運當元。不雜他氣。四畔融合。無沖射之朝無直硬之界。灣環奇特。旋繞有情。方爲氣之止蓄。夫平洋以水爲龍。水之行止。卽龍之行止。子字出脈子字尋。莫教差錯丑與壬。是相其行也。江東一卦不雜西卦出位。江西一卦不雜東卦隔宮。子癸午丁。坤未艮丑。其行不雜。經緯正矣。乃相其止處。又貴不離一卦。龍向水須一一相合。父母子孫。一氣淸純則謂之吉。葬蓋宜水則水。宜山則山。宜見陰則有陰以應之。宜見陽則有陽以朝之。所謂外氣行形。內氣止生。自有此止。而八方之行形者。靡不招攝翕聚於此。

是爲正龍之地。死魄生人。氣脈輸灌。有不鬼福及人哉。若其干支間。不曰巽巳而曰巳丙。卦維間。不曰丑艮而曰癸丑。及庚申寅甲。兩宮夾雜。吉凶交戰。得此失彼。禍福無主。龍水不合。本末俱虛。曰異姓。非一家骨肉也。曰螟蛉。非元辰胎息也。曰贅壻。元竅不通也。曰繼嗣。覆宗絕嗣也。凶中有吉。吉中有凶。不生不成陰差陽錯也。善惡同室。災祥同途。其氣錯雜。倫常之失次。人事之乖戾。所必應矣。

穴法章

經曰穴以受氣以迎龍天地之理以八全天地之化以八輔龍吉穴吉龍凶穴吉吉龍凶穴凶凶前吉後凶從前前凶後吉從後左吉右凶宜左左凶右吉宜右趨吉曰避凶凶吉趨凶曰避吉吉凶幹大枝小幹外遠枝內近爲連絡同一卦氣陰求陽陽求陰主廣嗣續陰歸位主富財帛不對對爲縱爲橫主貴顯對不對縱橫橫縱亡國破家有災眚兩宮同到有關有輔爲合氣吉凶戰有棄取有兼取兼取之地富貴全氣星交到禍不單行觀水之廣狹以定遠近取十字毋差毫釐爲攀爲倚爲

坐為夾為雙闗為弔為照為聚為亥是為九章穴法前後遠近毋雜雜卦毋主。

傳曰。地理之道。穴法為難。善葬者。必使我所取之形。足以納氣。所納之氣。足以迎龍。則形與氣。氣與龍。交合為一。所葬之骨亦與龍氣合一。而穴情得矣。夫穴以受氣以迎龍。而龍與氣即天地自然之理之化也。天地無心。吉凶靡定。而人以迎之受之。故曰以人全以人輔也。龍本無吉無凶。而氣則隨天地之運而忽吉忽凶。是氣有吉凶。龍亦有吉凶矣。龍吉穴吉。固無不吉龍凶而穴吉卽脫龍之凶以就局之吉如坤收震水向坎收辰水向震向在兌局收之辰向在乾局收之則龍爲殺旺所制凶氣轉爲吉氣矣若龍旣凶而穴又凶豈有不凶者哉前吉後凶從前前凶後吉從後左右皆然趨吉所以避凶凶旣避則無凶矣趨凶所以避吉吉旣避則無吉矣平洋之地兩水相交內外通氣方可立穴幹水外遠爲公共之水與我本無關涉枝水內近爲私已之水我之禍福攸關必龍向水一氣相通合十合五也陰求陽以婦合夫也陽

求陰以子定母也主廣嗣續所謂貪狼原是發來遲坐向穴中人未知立宅安墳過兩紀方生貴子好男兒誕育賢才以昌世業蓋子息貪狼也陰歸位龍眞穴正向水旺元故富財帛不對對巽坎乾離夫婦眞爻子正丁庚甲癸向首對也爲縱爲橫經緯合度成垣成局上應三垣列宿貴顯可期官堦可定矣對不對以體認用以用爲體以兌局而收兌向震龍龍水對而時局不對矣夫婦假路遇無嗣局雖對而向首不對也縱橫橫縱陰陽倒置形局歪斜或如牽繩或

失呆板全無生氣則失業破家災眚難免矣兩宮同到有關有輔乃兩浜齊插兩水界龍也合氣之地倚水爲主若吉凶交戰寅甲申庚合氣不清則有棄取寅坤申艮御門開巳丙宜向天門上亥壬向得巽風吹處處歸并一路取寅棄甲取申棄庚也三四同元六七同運兼取之地富貴亦全但罡劫之年氣星交到禍不單行爲害尤烈以發洩太盡難爲後繼也水之大小廣狹以近遠步算扣弦弔氣接脈迎龍湖蕩之間水面太大氣散不聚必散中取聚立穴以藏爲

貴藏則氣聚局緊。小水之旁。一灣一曲。必見其停蓄澄清。浮光鑑影。相依相戀貼近親切。始能接氣。若乾流深壑。或形如鼠尾蛇頭。又豈有眞氣耶。故取十字。有毫釐舛錯。卽已吉中藏凶。所謂明堂十字有元微是也。九章穴法。攀者。向水攀朝也。倚者。傍水倚靠也坐者。頂水坐空也。坐元空爲騎龍上格。故寶照曰天下軍州總坐空也。夾者。兩水相夾也。雙關。雙龍合氣兩水關合也。弔者。三方弔合也。弔浜弔氣亦同。照者水光照注也。前後左右。均能奪氣。聚者。水聚天心。或堂中宍後也。交者。水合襟。對出脈。小水交大水也。總貴棄駁就純。一卦毋雜。始爲得宍。蓋轉移造化。爲吉爲凶。應趨應避。全在卦氣失元當運。而元上天機。又全憑元辰一滴。移步換局。不可不愼。若侵胎失元。則陰陽差錯。有凶無吉矣。故又曰前後左右遠近無雜。雜卦無主。蓋深致意於此焉。

砂水章

經曰。龍是經。砂水是緯。經爲正。緯爲變。外應天度。龍爲主。砂水是賓。龍是本。砂水是末。內合地盤。主貴賓不貴。

寒。本旺末不旺。孤龍天合。砂水人合。內凌外。財離。外欺內。衆叛。元氣內主。富貴外主。地之水。其曲直遠近大小廣狹。有輕重。山之砂。其邪正聚散去住緩急。有禍福。歲運流行。乃有克應

傳曰。世人概云。龍穴砂水。不知地之美惡。全在龍眞穴的。有砂水亦得。無砂水亦得。然眞龍不向惡砂水。所謂有天然之龍穴。必有天然之貴秀砂水也。經曰。龍是經。砂水是緯。龍是主。砂水是賓。龍是本。砂水是末。已明明指出龍穴爲重。而砂水終不可忽也。外應

天度者。山龍以向度五行。與羣峯星體論其生克。以爲消撥。水龍取天心正運一卦。當旺乘時。以爲砂水配合。不論天星。若時師所傳亥龍上應紫微垣。艮龍上應天市垣。巽丙龍上應太微垣。酉辛龍上應少微垣。爲最貴。震龍上應陽衡廉貞。丁龍上應南極武曲。爲次貴之說。最爲謬誕。內合地盤者。江東江西江南江北。分三盤卦位。砂水之出卦不出卦。就地盤而論。縱縱橫橫。東卦收東卦之砂水。西卦收西卦之砂水。不相雜駁。方爲清純。主貴賓不貴。砂水不配。是以單寒。本旺末不旺。砂水不合。是以孤露。龍天合。全論得運失運。爲生爲死。砂水人合指撥砂就向。趨吉避凶而言。內凌外。經緯不對。欹邪不正也。外欺內。出卦無主。天運不合也。元氣內主。近身到頭入首一節之氣爲龍之眞血脈眞胎息也。富貴外主向上及前後左右夾輔擁衛之衆砂衆水也。水形之曲直遠近大小廣狹。以穴中所見者爲重。穴中所不見者爲輕。元辰出脈之水爲重。過堂外輔之水爲輕。故曰有輕重。砂體之邪正聚散去住緩急。專論形勢向背。爲吉爲凶。

禍福之來。歲運流行。乃有克應。即合祿合馬合官星。本卦生旺尋。合凶合吉合祥瑞。何法能趨避。但看太歲是何神。立地見分明是也。

地理辨正補卷之三終

地理辨正補卷之四

桐鄉朱　蓴小鶴補註

靈城精義　南唐何令通著

形氣章

宇宙有大關會氣運爲主山川有眞性情氣勢爲先

天道無往而不復地道無平而不坡天地之道若循環然此盈虛之理也上二句主天言下二句主地言

天之運三十年一小變百年中變五百年大變發端即言氣運爲主見宇宙之大莫不流行於氣運之中

地理入手。必先審氣運之至與未至。退與未退。方可察其衰旺死生。而定為棄為取。為趨為避。若氣運未到。卽大地當前。亦無足取。昔人云人壽幾何。河清難俟。與其求失運之大地。不如得乘時之小地也。山川之情性具於形。形者氣勢之所鍾也。千巖萬壑。其勢開張。其氣自奔騰聚會。故認淸來脈。見斷而復連。過峽穿心。縱橫拼蕩。莫可端倪。到立穴之處。則四獸和平。山水環繞。自具眞暈。或在曠野。雖似孤露。而羣峯擁衞。遠遠相從。為力更鉅。以有眞氣勢也。

地運有推移。而天氣從之。天運有轉徙。而地氣應之。天氣動於上。而人爲應之。人爲動於下。而天氣從之。

此緊承上文氣運二字。發明三才感應之道。三即一。一即三。相須相成。本無二理。故滄桑變易。地運之推移也。而天氣之衰旺。每因地運之迭更以應之。陰陽消長。天運之轉徙也。而地氣之吉凶。每因天運之屢變以從之。此天地之感兆也。歲差値度。斗建移宮。天氣之動於上也。而乘時失運。人事之興廢應之。步水量山。審形察氣。人爲之動於下也。而迪吉逆凶。天氣之淑慝從之。此天人之交會也。然積善之家。必有餘慶。積不善之家。必有餘殃。昔日楊松筠欲獻一三世宰執之地於人。夢神叱之而止。後其家果敗。廖金精以受聘而自悞改葬之期。悔之無及。楊廖皆明師。尚有此失。可見人爲雖善而終不能逆天也。求地者可不種德哉。

有聚講行講坐講。則氣聚於龍。有權星尊星雄星。則氣聚於勢。有葢胎夾胎乘胎。則氣聚於穴。有收襟收堂收關。則氣聚於局。

此皆測地氣之法。承氣勢二字而言也。龍忌孤單。數節之前有三講。其龍乃眞。勢忌卑狹。近穴之處有三星。其勢方大。穴忌渙散。有蓋胎則藏風。夾胎則衛穴。乘胎則團聚。其穴始確。局忌寬蕩。取証於微茫界水曰襟。龍虎會合水聚曰堂。外護城郭。衆水口曰關。三者俱收。其局乃緊。

陰勝逢陽則止。陽勝逢陰則住。雄龍須要雌龍御。雌龍須要雄龍簇

此言陰陽配合。雌雄交媾。方成胎息。陰化陽。突中求

平也陽化陰平中求突也

大地無形看氣槩小地無勢看精神水成形山上止山成形水中止

氣槩在於勢精神在於形觀勢則放開眼界看形則察入微茫也大地無形者葢穴有單身隻立曠野無依孤露卻勝深藏遠朝貴於近案胎元既完何須龍虎眞息住處奚假朋堂盛德不修外貌至寶常在道旁世目視之翻見醜拙故曰無形然登峯回望後山之勢必叠嶂如屏橫亘而來且聯續如檣環繞而至

前後左右羣砂羣水擁衛迴護或數十里近亦十餘里及六七里本身並無龍虎或邊有邊無此形寓於無形隱其形以有待也使拘於形而掠虛偏見未有不以有爲無以無爲有者矣惟能在氣槩上會心於無憑無據之中認淸配合眞機收光照影尋出憑據或石函或太極眞暈斯稱得穴也若自外看入門戶不閉龍氣薄弱嬾散無情至內則龍虎齊抱結構完好即不必求之於外但當審其精神團聚氣不外散處立穴故曰無勢看精神也下四句言一山一水

成形便止。是看小地法。

認氣於大父母。看尊星。認氣於眞子息。看主星。認氣於方交媾。看胎伏星。認氣於成胎育。看胎息星。認氣於化煞爲權。看解星。認氣於逢絕而生。看恩星。

此中明認氣之法。大父母。即天地也。尊星。此方之太祖山也。眞子息。如祖爲先天坎。必子息爲先天坤。後天巽之類。其氣方純。主星。即近身主峯也。陰遇陽。陽遇陰。陰陽交媾。必有到頭一星。是爲胎伏。在穴頂之上。或偏或正。其形不一。有此一星。方成胎育。凡山到成胎必起秀嫩之頂化生之腦分水合氣兜淋頭割腳之病是名胎息星先後相配一定不移化煞爲權乃以子救母脫煞挨生之法全在解星如兌龍必須艮峯注影乾山必得離峯高聳禽星五行中柳土爲殺井木可制之類是也逢絕而生則旁殺脫殺穴中收一峯光到貼近親切是名恩星如石勢嶒峻有一金星開面可爲倚坐羣峯皆伏有一高聳木星挺立秀嫩是也蓋龍帶殺而星峯秀則龍之旺氣俱蔭於秀峯而秀峯能壓伏衆峯制殺發秀也故曰逢絕而

生若五行順生逆克之説先天止論雌雄相配形勢結聚並無生克也。

認龍之氣以勢認穴之氣以情。

此二句爲認龍認穴最要之言蓋占山之法以勢爲難勢之不可測者莫如水火水火無形而至足金木與土限於有質不得水火其勢不張是以山巒排蕩如烈焰騰雲怒濤蔽日上干霄漢橫亘百里此皆水火之氣爲之氣旺則勢旺若無勢嬾散焉有眞氣故認龍之氣必以勢也凡結穴之處必雄氣除盡舒展

陽和。衆山皆顧。相依相戀。賓主拱揖。方謂之有情。如前後左右。有直硬肥飽強梁逼壓之殺。則情不相屬。斷無結作。故認穴之氣必以情也。

龍備五行之全。故山之形。體象龍。龍具變化之神。故山之變換象龍。龍之體純乎陽。故山逢陽而化遇陰則生龍之性喜乎水。故山夾水為界得水則住。龍之行御乎風。故山乘風則騰藏風乃歇。龍必得巢乃棲。故山以有局有關乃聚。以無局無關乃散。龍凡遇物則配。故山以有配有合而止。以無配無合而行。

此申明山水取喻於龍之義實則乾卦六爻皆取喻於龍足見龍爲陽氣也原註明不贅。

辨龍生死須分三陰三陽辨穴生死須識陽多陰少。

此言形象之生死脈絡之陰陽也陽主生陰主死三陰三陽者三節之近穴起三停必陰化陽陽化陰陽來陰受陰來陽受也陽多陰少者葢陽氣沖和明堂寬抱方能結穴也此生死陰陽均主形勢言和緩平坦爲陽爲生剛暴峻急爲陰爲死非從盤上分陰陽生死也學者莫誤認。

龍有變體或爲頓住勒住穴有變格則爲墜宮纂宮。

此因形體之高下緩急而作法之深淺進退以應之也頓住緩中取急勒住急中取緩墜宮開穴深葬纂宮培土成坟也。

星體有正有輔兼襯貼之當辨穴情有顯有晦形氣影之宜詳。

入首星辰有正有輔兼襯貼三者皆當細辨兼如土兼金兼火之類一形而兼二形也襯則分而爲二一如襯衣襯衫實是兩物而又相依之謂貼則於穴情後

微露一些星象。乃形之隱躍彷彿。細看方有者。穴之情亦分顯晦。顯者易見。晦者難知。形葬。乘氣接脈有跡可尋。氣葬。乃眞氣忽隱忽現。無形可見。影葬。則無形無氣。全取配穴星峯。影光照注。不論遠近。影到即是氣到。須一一詳審也。

蓋帳不開。龍不寘。輪暈不覆。穴不住。束咽不細。氣不聚。泥丸不滿。氣不充。

此言龍穴凝結之必備者。若有缺陷。則非大地矣

五星不離水土體。九星常帶輔弼。隨土星不作倚五星

皆有撞。火木不可蓋。水土豈能粘。

五星皆屬形象。倚為倚傍。乃兩耳門。兩鼻庫。兩鼠肉。兩切脈。兩肩窩。側臍斜掌之穴法也。撞為撞擊。腌臍。掌心。虎口。指節之穴法也。蓋乃自上蓋下。頂門之穴法也。粘則脱開粘合。聚陰之穴法也。土星方正。不宜横擔。故不作倚。五星皆可從中下穴。故皆有撞也。火鋭木直。不宜鬬煞。故無蓋穴。水勢排蕩未定。土形呆版不化。欲乘餘氣而無氣可乘矣。又豈能粘哉。坐宕坐旺坐煞。是為坐法。全胎保胎破胎。是為作法。

此即進退饒減之法也。

挨生傍氣。或爲脫殺借胎。或爲子投母腹。脫煞逢生。或爲借母養子。或爲以子救母。

此不外挨生化煞趨吉避凶八字也。子母二字。必卦氣生成先後天配合之眞子母。方能化煞。若火爲木子。木爲水子。論生克之爲子爲母。豈關造化之祕奧哉。

脫龍就局納前朝。只爲半眞半僞。撩山劈硬處平基祇爲直來直受。

來脈不清，必納前朝向水以制之，方可脫煞。卽已丙取乾亥壬向巽之法。撩山劈硬，急脈緩承，趨生棄死也。此指平洋而言。葢脫龍就局，非平洋不能也。山管山，水管水，前朝之水，豈能制山龍之煞哉。上文子投母腹，以子救母，亦通平洋也。

平洋之脈，常舒常散，須要湯中浮酥。山壟之氣常急常斂，當看水面蟠蛇。

承上文而直接平洋，見前兩節兼山水言也。散欲其聚，酥不外散；急欲其緩，蛇蟠不緊也。

湲水之牛氣仰而吹宜乘其急出洞之龍氣直而吐宜乘其餘精華外露之氣如花宜葬其皮精華內釀之氣如果宜葬其骨

緩急深淺四字盡之本文自明

龍穴有陰陽砂水亦有陰陽龍穴有生死砂水亦有生死

陰突陽坦陰斂陽舒陰死陽生也

氣有虛實法當以實投虛以虛投實氣有先後法當先到先收後到後收

此穴內扣弦測影劃清十字以收水乘氣之作用也

虛實先後不獨地氣兼天氣時運也

傍城借主須詳審乎樂託就向拘龍當消息乎明堂

借外氣以乘內氣之法就向拘龍之向取水聚之處

也非朝向立向之向莫誤認

點穴須求三靜一動認氣須要百死一生

動靜生死認氣之眞訣也動生靜死故穴點動處百

死一生見認氣非易須細察微茫不可忽畧妄用害

人也

有弦有稜則形眞若湧若凸則氣到認氣難於認脈葬脈豈如葬氣

脈顯氣隱故曰難脈有象氣無形地脈吉凶每隨天氣轉徙故葬氣勝於葬脈

法葬之葬法在形裏會意之葬意在形表

法葬可學而至會意之葬非神化不能

龍之貴賤以格辨龍之正餘以祖辨龍之大小以幹辨故同龍論格同格論祖同祖論幹龍之去住以局辨龍之偏正以堂辨龍之眞僞以座辨故同龍論局同局論

堂同堂論座。

本文明不贅註。

凶星不無夾雜。只要有胎有化吉曜。縱然雄聳。亦要有精有神。

凶星夾雜。既有胎化。便堪立穴。吉曜雄聳。若無精神。終歸花假。

陵谷變遷。山川改色。造物固自有時。控制山川。打動龍神。作用亦自有法。

此言天地無全功。以人輔相之。先賢先覺原有一定

之法後人不知故以訛傳訛耳結語特發明之

理氣章

地無精氣以星光爲精氣地無吉凶以星氣爲吉凶天有五星地有五行氣行於地形麗於天四時之流行其象顯萬物所由化育也五德之默運其象隱世道所由變遷也天以陰陽二氣爲德刑生殺之用其權皆繫於斗故斗之所擊連亘五辰首尾四正動成三合聖人以斗運紀綱作易之根柢凡建除紫白生命方隅莫不從此而出地道承天吉凶隨天之星氣

而定卽順時乘運九局挨星也楊筠松云惟有挨星
爲最貴漏泄天機祕此節入手卽爲提破非小儒所
能道俗註天星諸說非

用先天以統龍當詳明於四龍天星用後天以布局尤
宜審乎三盤卦例

先天統龍陰陽對待交媾之定體也後天布局時序
流行代謝之妙用也四龍天星貪巨祿文甲乙丙丁
爲旺爲生則武破輔弼庚辛壬癸爲衰爲死四吉四
凶分順逆父母兩卦顛倒輪是也紫白分輝迭相主

令上元貪狼領局下元右弼領局四卦同體故曰四龍天星三盤卦例江東一卦甲庚壬丙辰戌丑未也江西一卦乙辛癸丁寅申巳亥也江南江北共一卦子午卯酉乾坤艮巽也經緯縱橫二十四方只分三卦故曰三盤卦例也

以龍定穴須審入路陰陽以水定向須看歸路陰陽

以龍定穴四正四維順逆不同或從左轉或從右旋如左爲陽子癸至亥壬順推也右爲陰午丁至巳丙逆應也須審入首進氣之純駁扣淸十字有生成不

易之方所以定穴此爲入路陰陽夫婦交媾到頭配合也稍有駁雜卽能換局尤宜審察天時合元乘旺以水定向專就元辰對向中出脈所謂向首相對也歸路陰陽向水流歸一路行斷乎不可出卦也若歸路出卦失元有凶無吉矣

入手入首則龍與脈之所由辨分金分經則來與坐之所由分

入手者穴中迎接來脈也凡立穴所以迎龍惟來脈穴情相合爲一方可下手故曰入手入首者卽龍到

頭也到頭清純龍脈可定其生旺病死全憑入首為主所謂來山起頂須要知前後八尺不宜雜也分金者來源天氣就向中下盤看出何脈收何氣也分經者地盤方圓平正經緯縱橫城垣周正堂局整齊劈分三卦地盤是也

脈看左右落則脈可辨眞偽氣審左右加則氣可別淳漓

此即棄駁就純存眞去偽前吉後凶從前前凶後吉從後之法也看左右落而可辨眞偽者葢水龍四正

從右逆推四維從左順挨若左右一反則駁雜不淸便屬中黃局矣故審左右卽可辨別也

龍脈有順逆乘氣自當有辨五行有顚倒作用各自有法

此言龍脈進氣四正四維順逆不同或當左轉或當右旋所謂干卦陰陽何定準只憑左右水流宮是也若老壯生死全憑天運而得元失元乘氣避煞自當辨別五行顚倒卽忽吉忽凶此新彼謝山吉水凶山凶水吉顚倒倒顚東卦西西卦東南卦北北卦南隨

時變易而作用應之此乃定法也

氣有乘來脈而不容他雜者氣有借旁脈而可隔山取者氣有合初分脈而不爲遙遠者氣有串渡峽脈而不爲邀截者

此兼山龍而言卽以水龍論此氣字乃地氣也乘來脈而不容他雜者蓋單行之脈一侵左右卽出脈矣借旁脈隔山取寅坤申艮是也合初分脈而不爲遙遠者不離祖氣同在四龍也串渡峽脈而不爲邀截者有元辰一節可取腰結之穴乘元得局也

龍穴無尺寸之移。受氣有耳腰之異。分金有轉移之巧。氣脈無毫髮之差。

此亦兼山龍而言。太極眞暈。毬簷分合。實不容勉強。所謂天生地成之穴。固無尺寸之移。即在水龍元辰配合。生成定位。針對向中出脈。應攀應倚應坐。亦不容尺寸移易。葬耳葬腰。皆以受氣承脈。非斜葬爲耳受。橫葬爲腰受。內外兩向。如俗師所傳之僞術也。分金有轉移之巧者。脫煞挨生。以子定母也。但乘氣必合先天。不可有毫髮之謬。八尺之內。切須清純。稍有駁雜。斷不可作。蓋先天之氣眞後天之氣假。接脈乘氣。以先天爲主。斯體用兼備耳。近水成局。無生成之水。有何益哉。

中氣當避。乘氣故取三七放棺。旺氣宜乘。分金亦取三七加向。

中氣卽屬五黃。法所當避。水火靈文云。趨三避五。巧奪天機。卽此中氣也。三七爲少陽生旺之氣。故乘氣必取三七。若時俗所傳盤上之三七。子三癸七。或子七癸三。非隨時變易之三七也。按冬至日躔子之半。

堯時初昏昴中日在虛七迨南唐時後晉天福三年冬至古度日在斗三今度斗四現在歲差日躔箕一則子初已非女度久矣所謂三七何嘗是三七耶旺氣宜乘對針出脈星度大小廣狹遠近必須扣弦面線或三或七左右挨加劃淸十字毋使差池庶旺氣全收中氣能避耳豈版執羅經定向三七挨加爲準繩哉古人好隱語多類是然提出中氣當避旺氣宜乘八字則三七二一字卽爲生旺業已明告後人而後人不悟耳

脈不直而氣直何畏直來直受。氣不斜而棺斜。乃爲正貫正承。

來脈起伏旋繞有情。則正頂來脈以受之。所謂直節對堂安是也。若受氣不斜。正坐元空世人見不對向水以爲棺斜。實則正貫正承。而人自不識耳。

龍以脈爲主。穴以向爲尊。水以向而宅。向以局而分。

龍以脈爲主。大父母之眞脈當元卦位也。穴以向爲尊。五行顛倒翻天倒地也。水以向而宅。內外相通元辰定脈也。向以局而分。時序流行之旺局也。

來路看四生。坐下看四絕。局內看三合。向上看雙金。

四生四絕。東西兩卦。不相混雜。迭相為配。以乘穴氣也。局內三合。水合向。向合龍。卽元空三合。內祕五行之三合也。向上雙金。向中出脈。二十四山雙雙起支兼干出。干兼支出之雙金也。俗註非。

制煞莫如乘旺。脫煞正以扶生。從煞乃化為權。留煞正爾迎官

制煞乘旺。如兌運坤龍取卯水。坎運乾龍取午水。卯水當旺。午水當旺。則煞為旺神所制。反見榮昌。非脫

煞正以扶生乎。從煞化權。迎水趨避。以就旺局。以庚申爲坤申是也。留煞迎官。內外兩向收輔弼宮龍神。爲末冑衰微之用。即四三二一龍迎去也。內外兩向。

地盤有兩向水也非立向之向

客水客砂。尚可招邀取氣。眞夫眞婦。猶嫌半路相逢。

客水客砂。滿照收光。亦堪取氣。以水光先到也。若卦氣將終。即眞正配偶。以出卦在即不能生育所謂半路相逢乎龍過運也故以趨三爲吉

陰用陽朝。陽用陰應。合之固眷屬一家。山運收山。水運

收水。分之亦互為生旺。

陰陽交媾相濟而成。東西配合。惟上下兩元。一二三四甲乙丙丁。與六七八九庚辛壬癸為對待。為氣為質為夫婦之道。非一家骨肉乎。山運收山。水運收水。山吉水凶。水吉山凶。山管山。水管水。迭為生旺。各自為生為旺也。山運從先天。水運從後天。本不相侔。世人以水運收山。謬矣。

主有主氣。內宜權乎五行。堂有堂氣。外宜觀乎四勢。龍為地氣。當從骨脈實處。竅其內而注之。水為天氣。當從向方虛處竅其外而引之。

主氣天心十道正運之氣也爲穴內迎神出煞之用。故權於五行之生旺以穴之權者權輕重之謂堂氣乃明堂也須詳四勢出面在於何方而立向焉即來脈明堂不可偏廢之義龍爲地氣在山龍正貫正承以注受之頂正穴星所謂穴後生一突緊粘突下作穴星從骨脈實處也在水龍則坐後宜空正坐元空乃爲騎龍上格葢坐元空則脈眞穴的地氣亦竅內而注之矣水爲天氣乃對待向上之水也斷無坐法故曰向方虛處龍之對面三义也竅外而引之非必朝向也竅者所以導氣之出入注之引之與呼吸同在天成象在地成形同一氣故天象以太陽爲尊而地法以廉貞爲主同以火星爲萬象之宗象垂吉凶形分禍福同一域故星光以歲星爲德而地法以貪狼爲貴同以木星爲萬象之榮

此專言山龍也古云大地若無廉作祖爲官也不至三公以廉貞火形爲祖則尖秀英發力雄氣壯故爲萬象之宗貪狼木形卽貴人星峯前後左右照見俱

佳。故爲萬象之榮。此廉貪是形局星體。非挨星之廉貪也。莫誤認。

先天一陰一陽。對配爲主。故四龍天星。惟取相配。陰與陽合。陽與陰合。後天分陰分陽。致用爲主。故八方坐向。可借爲配。坐陽收陰。坐陰收陽。

先天爲體。惟取相配。雌雄交媾。對待爲主。四龍天星已見前註。陰陽相合。卽經緯縱橫。山水相對。一六與二七爲縱對。三八與四九爲橫對也。後天分陰分陽。一三五七九爲陽。二四六八爲陰。皆從正運之一卦。

以定陰陽。八方坐向。均從此一卦坐陽收陰。坐元空也。坐陰收陽。向出脈也。

先天後天。先爲體而後爲用。貴通其變。陰陽二氣。陽非賤而陰非貴。在適其宜。

體用既明。不相混雜。則陰陽二氣。本同一氣。顧於此分貴賤。配天星。此術士妄說誣人也。故發明貴陰賤陽之非。而忽貴忽賤。在適其宜。可見隨時變易。二氣旋轉。五運循環。原無一定矣。俗註非。

地以八方正位。定坤道之權輿。故以正子正午爲地盤

居內以應地之實天以十二分野正躔度之次舍故以壬子丙午爲天盤居外以應天之虛

此針盤定式也氣從八方乃坤輿之正位收山出煞審龍定向皆以地盤爲圭玉髓經曰聖賢創制本不差後人添演失其義但說周時無雙向只言支神十有二既無兼向預先傳必不偏斜定針位勸君只言子午針莫說縫針誤來世蔣杜陵闢中針縫針之謬取正子午一盤定向者蓋中五立極臨制八方所謂三爻成象位參干維三八品配道盡無遺也子癸壬

子或以格龍或以納水先至後至穿山透地盈縮平分紛紛聚訟干支淆混皆屬訛謬應地之實則知八方皆有實在正位而不可移易矣若壬子丙午爲天盤係日躔節氣過宮十二次舍蔣氏亦列二十四節氣於外卽此盤也夫二十四氣日行黃道本無定宿定度地平赤道亦有歲差里差視差之異現在嘉慶九年甲子冬至限箕一度每宮三十度餘歸歲差積算子之半躔箕一矣遵時憲七政經緯躔度箕一入丑初小寒日躔丑十四斗六入癸位大寒躔斗二十

二入子初立春日躔子十四女五入壬位雨水躔虛八入亥初驚蟄日躔亥十四危十四入乾位春分躔室八入戌初清明日躔戌十四壁七入辛位穀雨躔奎十入酉初立夏日躔酉十四胃初入庚位小滿躔昴二入申初芒種日躔申十四畢八入坤位夏至躔參八入未初最高過夏至九度三十三分小暑日躔未十四井十二入丁位大暑躔井二十七入午初立秋日躔午十四柳六入丙位處暑躔星五入巳初白露日躔巳十四張十一入巽位秋分躔翼八入辰初

寒露日躔辰十四軫六入乙位霜降躔角八入卯初
立冬日躔卯十四氐三入甲位小雪躔氐十七入寅
初大雪日躔寅十四尾一入艮位最卑過冬至限九
度三十四分此九年甲子歲差日躔辰次也應天之
虛虛者依歲差旋轉無一定也近時三合家用天盤
收水定向謬矣講死元運者專立單向見小利圖近
功豈知乘運速發路遇無情如草卉隨時榮落必難
久遠大形大勢松柏也其山川既非眼前點檢得盡
則福澤亦非眼前計量得盡也人之求速效者盍念

諸。

發源章

地之道靜。亘古無常而不移。故子午一盤主地氣。配六十四卦以立體。

此承上章結語。發明內外三盤用法各別之源。故曰發源。地道至柔至靜。厚德載物。雖山移川徙。今昔無常。而南北定位。則亘古不移。故正子午一盤。主測地氣以定方位。凡收山出煞審龍定向均。以此盤爲準。蓋乾位乎上。其氣下降。坤位乎下。其氣上升。水動爲陽地靜爲陰此以陰往彼以陽來即坤實其中則爲坎乾虛其中則爲離坎離交則通通則利生乾坤往來而生六子六子往來而生六十四卦一陰一陽兩兩相對此先天之定體也

天之道動與時變通而無定故壬癸兩盤主天氣配三盤三百八十四爻以彰施

天道盈虛消息無一刻之停天行健動也其氣周流春溫秋肅暑往寒來無定者也故測氣之法以壬癸兩盤爲用蓋子癸一盤非賴公之中針乃天極之子

午也。壬子一盤非楊公之縫針。乃臬影之子午也。非
主天氣乎。配三盤三百八十四爻。此一歲有閏之策
也。去四正卦。則三百六十爻。此一歲無閏之策也。堯
典曰。朞三百有六旬有六日。以閏月定四時成歲。故
一歲之策三百六十五日三時。然有閏之歲仍三百
八十四日。無閏之歲則三百五十四日。是其數去日
之餘盈也。六。去月之餘縮也。六。此承爻策而兼用天
星者也。蓋南北為經。東西為緯。冬夏二至。日行以漸
而進退。古人於土圭之景。畫地識之。則自南而北。得

十二畫為坤震離兌四卦自北而南得十二畫為乾巽坎艮四卦於是二十四氣乃定用伏羲先天圓圖卦位按七元甲子孟仲季三統一爻一甲週而復始孟統上元甲子起復卦初爻仲統起泰季統起遯始於復終於姤其法置上元八萬二千○八減去六千九百○二以卦策一萬一千五百二十累除之餘六千○五十八八第七運復卦起陽爻三十六陰爻二十四餘二十二年交姤之六四中元首丙寅交姤之六五姤為夏至節午運故堯為中天之運也值年禽

星。一元甲子起虛。二元甲子起奎。三元甲子起畢。四元甲子起鬼。五元甲子起翼。六元甲子起氐。七元甲子起箕。以其象分別陰陽。定水地山林剛柔六等。自下而上。與卦畫同體。古訣云。日月常加戌。時時見破軍。天罡前一位。此法莫傳人。何者為我福。坐貪向破軍是也。彰施變化。為後天入用之本。

地有地氣。天有天氣。其源未始不合。其用自有不同。太極無二。故理無二。氣亦無二。二氣之說。天地之謂也。地有地氣。縱橫排蕩。聚散闔闢。莫可端倪。其升者爲陽降者爲陰陽生陰死。仲冬之月。一陽初生。水泉乃動。是水之動。乃陽之生也。仲秋之月。殺氣日甚。陽氣日衰。水始涸。是水之涸。乃陽之死也。明乎水能生物之義。卽明乎陽爲生氣之義。天地之氣。本一氣也。其源未始不合。見不可歧而二一也。至於用之之法。則地氣爲體。專論對待交媾經緯分合。天氣爲用。專論元運章蔀流行終始。以測孰吉孰凶。且隨時隨地。難於合一。故曰其用自有不同。

龍有龍法。向有向法。其理本爲一家。其勢難於歸一龍取相配。四十八龍。或從左轉。或從右旋。有陰陽順逆之分。山龍體也。氣從先天。水龍用也。氣從後天。山自管山。水自管水。其先後配合到頭入首。各有乘旺去衰趨生避死之法。向看生尅。四十八局。或在東卦或在西卦。其順逆生死。山有納甲本卦向法。故曰雙山雙向水零神。富貴永無貧。在水龍則位位作返吟伏吟。爲隔宮雜氣矣。水有父子相兼。子母定局向法。故曰子癸爲吉壬子凶。貪向支山尋祖脈。干神下穴永無憂。於四隅則曰若是干神又不同也。如在山龍則形局不正。先後不配。爲龍不配穴矣。龍合向。向合水。一生二。二生三。三生萬物。其理一也。非一家骨肉乎。然龍有龍之生旺衰死。向有向之生旺衰死。則又在龍言龍。在向言向。非可混合。故龍吉向凶。則殺方添葬者有之。龍凶向吉。則脫龍就局者有之。其勢難於歸一也。

龍有一定之龍。氣無一定之氣。向無一定之向。此大概之言。

龍者。地之生氣也。雖起伏頓跌。隱顯幽微。變幻不一。

然氣從八方。各有性情。自南而北。自東而西。維正相配。夫婦同行。先天後天。陰陽交媾。則一定不移。亥無鱗甲。不同於戌。丑氣偏狹。不同於艮。五氣錯綜。因形察氣。氣囿於形。百不失一。一定也。若氣則天氣也。有時而吉。乾坤不爲老亢。有時而凶。震巽亦可興災。此新彼謝。此死彼生。衰旺興敗無定也。而向亦隨之以天氣爲主。故曰葬乘生氣。脈認來龍。見龍有定。而氣無定。卽向無定也。此大概之言者。言此理尚爲人之所易知也。

龍有一定之龍。氣無一定之氣。向無一定之向。而功有一定之功。此入微之論。

此承上文言有一定之龍。無一定之氣與向。人能知因其無定。如何可使無定者終歸於有定。而隨時隨地。認此龍。乘此氣。立此向。以成此功。則氣與向無一定。而認龍乘氣立向。固有一定也。此詣至精至微。非熟悉理氣。深明形勢者不能。故曰此入微之論。見非易幾也

精神在於一線之間。元奧處乎毫髮之際。同一龍可貴

可賤。同一向可富可貧。同一局可興可敗。同一位可殺可生。

此言入微者。其精神元奧。不在大形大局之上。惟在於一線之間。毫髮之際。遠則脫而近則迫。先則生而後則死。不脫不迫。不先不後。方能有一定之功。而有功無功。間不容髮。故同一龍而有時而貴。有時而賤。貴可使賤。賤可使貴。同一向而在此則富。在彼則貧富不長富。貧不長貧。同一局而忽然而興。忽然而敗敗者可興。興者可敗。同一位而殺可為生。生可為殺乘生則生。乘殺則殺。皆在一線之間。毫髮之際。此入微之論也。

純雜辨乎微芒。得失間乎纖介。元著者盈縮之道。假幽者拱運之情。盈縮不明。可知虛實。拱運勿識。那辨假眞。此申明上文貴賤富貧與敗殺生不定之旨。蓋氣有純雜。純則淸。淸則得矣。然又有得而反失。而得不可以爲得者。以體得而用失也。雜則濁。濁則失矣。然又有失而反得。而失不可以爲失者。以體失而用得也。其辨在乎微芒。其間在乎纖介。微之日月。朔望弦晦遲疾朒朓盈縮之道也觀之時令冬至則陽生而日長至夏至則陰生而日短至盈縮之道也故曰元著言彰明顯著爲人之所共見也天道無往而不復地道無陂而不平陽至則升陰至則降升則爲雨露降則成川澤一闢一闔山峙水流拱運之情也四時以成萬物以生循環無端流行不息拱運之情也故曰最幽言不見綱維不見主宰而難以顯言也苟不察氣候推移陰陽伸屈卽日誦三乂三合諸書探討三元九曜之說亦盈縮不明不能順天數之平頗定人

事之休咎。又何有虛實之可分哉。不審星度遠近有歲差里差視差之別。七政入躔有黃道赤道之異。空言卦爻之興衰。星體之純駁。亦拱運勿識。不能審象以合乎理候氣以驗乎數。又何有於假眞之可辨哉五行固爲作用之源。止此尚粗而吉凶未可據。

此承上文言不知虛實。不辨假眞。則非講理氣。究形局均屬剽竊陳言。局守糟粕。未可爲典要也。夫五行爲天地之用。一陰一陽流行對待。元竅存焉。故理數諸家。雖其說萬變。終不能外於五行。乃以爲止此尚粗吉凶未可據者。此是抑揚其詞。以起下文三盤之義也。蓋不究其源。不探其本。而止以五行之粗迹。較論星體形象順逆生剋。則吉凶不在於是。而未可爲據矣。

三盤乃臻精微之妙。進此緼深。而功用可通神。

言五行尚粗吉凶未可爲據。惟三統四正斗建三合。天地之三元。江東江西江南北之三盤大卦。生成定位爐化無方。始爲精微妙用進此一層緼深之詣則變化不測。功用通神矣。

生中藏煞觀乎內運可知大抵童年早喪而旺內藏衰同凖煞內藏生審乎內運誰良亦多老壽粗安而衰處藏神合斷。

生中藏煞者卽五行位中出一位也內運正運之卦也惟功用通神便知眞出卦不出卦之密旨蓋同一出卦有卦內卦外之不同在卦內似出非出在卦外爲生中藏煞矣童年早喪受煞損丁也旺內藏衰有不合運之砂水也大抵者約畧之詞同凖者同此爲凖驗此龍向合運而砂水不合之煞也煞內藏生者

局雖不合而砂水乘旺。合乎內運爲生氣也。即水上排龍點位裝便知何位爲生。所謂誰艮也老壽祖安見龍爲外氣制伏。局雖不能全吉亦壽考延年。所謂壽而貧也。故曰粗安而衰處藏神。亦同此爲斷也。

次察爻位之周流。方窮六虛之祖氣。

言既知生煞衰旺。次當察天心正運一卦爻位司令乘時之眞五行。方能窮六虛中周流無常。惟變所適之眞祖氣也。天玉經云排山仔細看五行。看自何卦生來山八卦不知蹤。八卦九星空。順逆排來各不同。

天卦在其中。蓋即此一卦八用。或順或逆。有一定之氣。無一定之用。而無定之中。仍有一定之祖氣。惟能察爻位之周流。在於何爻何位。方窮上下四旁六虛之眞祖氣也。

終歸一卦之得法。乃識源流之短長。

此節指出正運一卦。以覺羣迷寶照經云。天機妙訣本不同。八卦只有一卦通。即此一卦也。蓋二十四山源流各別。位位有生有旺。位位有衰有死。法既得。則下何卦。收何山。乃消得此水。出得此煞。有以識源流之孰長孰短矣。

須求兩法之得宜。無分彼此之異氣。眞龍本無相悖。穴好自得和同。

兩法者。龍與穴也。龍有龍法。穴有穴法。配合陰陽。乘時八用。或從先天。或從後天。無分彼此之異氣。故眞龍自與向合。一氣貫通。本無相悖。眞穴自與龍合。生成定體。自得和同。若有勉強。必陰陽差錯。便屬花假也。

地道順承天道。故天道順而地道不能違。乃見後天之功至大。天道資乎地道。故地道逆而天道不能久。乃見先天之功可常。

此發明天地合德。先後體用。其原實同之定理也。蓋地道至順。承天而時行。故萬物資生乃順承天。天道順則地道不能違。即地無吉凶。以星光爲吉凶也。後天乘時司令。變易無常。其功爲至大也。天主氣。氣無形。附於有形之質。而資乎地道。故地道逆而其體不全。不合生成。則雖合天時。當正運。亦路遇無情。旋與旋替。不能久遠。先天布位定體。對待往來。其功乃可

常也

有推移地運之功。而天道從吾手。有旋轉天運之道。而地氣應吾功。所以有可傳之龍法。無可傳之羅經。有已傳之三盤。有不傳之三盤。

此言人與天地並立爲三。故能彌綸天地之道。而天地之氣亦從吾手。應吾功。而地運可爲之推移。天運可爲之旋轉也。夫龍法不一。五行星體。九星變化。錯綜生尅。陰陽交媾。有跡可尋。有勢可見。此可傳也。羅經妙用。貴目而不貴盤。因形察氣。非器可囿。如歲差分金離極遠近。斗建禽星。經世卦爻。黃赤二道。又隨時隨地。變易無定。所謂神无方而易无體。神而明之。存乎其人。不可傳也。天地人三盤。卦位。正子正午。壬癸穿山。透地。六十四卦。三百八十四爻。此已傳之三盤也。因有形之精。審無形之氣。顯不測之神。納精於氣。煉氣歸神。先天坎中之陽。納於先天離中之陰。交易成胎。生生不息。先天合三合七。後天合五合十。先後天同合於一。經曰。天得一以清。地得一以寧。人得一以靈。穴法而得一。此不傳之三盤也。

道開於聖人。祕藏諸天地。苟洞天旋地轉之機。始悟傳中不傳之妙。

結言陰陽變化自然之妙。雖有智者。不能以私意妄作。惟聖人仰以觀於天文。俯以察於地理。知幽明之故。窮鬼神之狀。原始反終。而開是道其秘本藏諸天地。以萬物爲爐錘。造化爲橐籥。上下三十六。此中有關竅存焉。識此竅竅則得其機緘。而坤乾易位。坎離互體。天旋地轉之機。亦洞悉無遺。其於先聖先賢。不傳之精詣。不從此悟乎。學者具此知識。勿局守陳言始可領會入微。共臻大道也。

地理辨正補卷之四終

地理辨正補

地理辨正補卷之五

桐鄉朱　蕁小鶴補註

天玉經外傳

上篇

天機元妙從來秘。勘破眞奇異。五行生旺覓雌雄。合璧喜相逢。

外傳所以申明內傳之旨。首言天機元妙。從來秘密。一經勘破。眞屬奇異。大要有看雌雄之一法。青囊序所謂楊公養老看雌雄也。故尋覓於五行生旺之中。

一雌一雄。絪緼交媾。合璧相逢。而後天機之元妙可測。然所謂五行。非時師所傳干支甲乙寅卯屬木。丙丁巳午屬火之謂。生旺亦非時師所傳庚金生於巳。旺於酉。甲木生於亥。旺於卯之謂。蓋隨所立之卦。而求生旺。葬經所云甲乙丙丁爲氣旺。爲火金生。庚辛壬癸爲氣相。爲水木生是也。

二十四山布八宮三卦洩元空。恩仇都是先天定。宗枝分兩姓。

二十四山。分方成卦。以定八宮。其洩元空之秘者。惟

有三卦。一天卦。即五行生旺之卦。一地卦。即雌雄合
璧之卦。一人卦。合天與地而辨先後天體用之卦。元
空既洩從知卦有恩仇。都是先天所定。並非節外生
枝。而其所以有恩有仇者。緣宗枝各派。內外兩家。分
兩姓故也。恩仇。即下貪巨武輔罡劫弔殺。兩姓即內
外兩卦。

同宗異姓紛紛在。一宅有內外。罡劫弔殺不可當。貪巨
武輔昌。兩家父母生兒孫。多寡不同論。一家骨肉十有
四。一家十個是

宗同姓異者。以一宅分內外兩宮也。此指地卦合天卦而言。罡劫弔殺貪巨武輔。就甲乙丙丁庚辛壬癸。五行生旺以定卦氣。如所立之卦在內卦則外卦為罡劫弔殺。而本卦為貪巨武輔。所立之卦在外卦則內卦為罡劫弔殺。而本卦為貪巨武輔。顛倒迭嬗以分吉凶。而兩卦又各有父母。各有兒孫。多寡不同。如外卦坎癸申辰離壬寅戌震庚亥未巽辛為一家。內卦乾甲坤乙艮丙兌丁巳丑為一家。故曰一家骨肉十有四。一家十個是也。四外卦。江東一卦震巽坎離也。四內卦。江西一卦。乾坤艮兌也。

參差當面來朝揖。好傯無人識。十四人中八個合。十八四個逆。

二十四路參差不齊。路路可朝。其中有好有傯。卻無人識得。蓋一家十四八。一家十八。以局配之。十四八中。止八個合局。十八人中有四個不合局。若謂同此卦氣。一概齊收。豈非不識好傯乎。八個四個。即下進神退神

三山雙起分雄雌。前後不相推。四個雌雄若齊到。代代

官尊要。

三山雙起一卦統三爻。而出脈則止有兩字也。如子癸午丁乾戌巽辰。爲夫婦同行。分雌雄謂陰陽兩片陰在山陽在水。陽在山陰在水也。前後不相推。謂三爻對待。此山彼水。此陰彼陽。不相入也。四個雌雄者。父子四個雌雄。如午丁二個雌。合乾亥二個雄。巽辰二個雌雄。合壬子二個雌雄是也。立穴乘氣。四個齊到。元空之能事畢矣。有不代代官尊要乎。

南北分明共一卦。中有兩卦詫。西兌北艮暗交通。劈面莫相逢。

南北先天屬乾坤。後天屬坎離。乾卦屬陽。干納甲壬長男庚震。中男戊坎。少男丙艮。坤卦屬陰。干納乙癸長女巽辛。中女離己。少女兌丁。陰乘陰位。乙辛己丁。合之九宮。一二三四陽乘陽位。甲庚戊丙。合之九宮。九八七六。壬何爲離。代父之政。癸何爲坎。承母之德離南坎北。坤乾位定。分明共一卦也。中女爲離。離壬爲日。中男爲坎。坎癸是月。陽卦屬陰。陰卦屬陽。兩卦許也。西兌北艮。後天之象。八干無位。當隸九宮。甲乙丙丁。春夏主生。庚辛壬癸。秋冬主成。陽干居正。陰干在隅。兌丁艮丙。爻象南離。兌壬艮癸。爻象北坎。日月爲易。二三七八數。合生成。暗交通也。兌以坤丁爲交。法宜坐丁向艮。而艮上不宜見水。艮以震丙爲交。法宜坐丙向兌。而兌宮不可開洋。故曰劈面莫相逢也

東西兩卦雖宛結。其家有姻戚。如能審地結奇緣。相遭富貴全。

東凶西吉。西吉東凶。江西主卦。天卦江東。江東主卦。天卦江西。若一一順用。則本山來龍立本向。寡夭遭刑

杖矣。故曰宛結。然東必配西。西必配東。顛倒互用。其家又各相配偶。如同姻戚。而澤山爲咸。地天交泰。雷風相搏。水火交。乾兌傍城借主。坎巽附龍聯歡。地山懷生育之恩。雷火奮文明之象。奇緣福湊。締合互交。始富貴兩全也。

還有兩般須配取。逐卦挨查去。進神八卦共二七。退神七卦十。

此承上文東西兩卦。既締姻緣。尚有兩般須配取者。又當逐卦挨查。有同一卦位。而同中有異。吉內藏凶。

由卦分三爻爻有變爻自爲卦此又不可不知如八卦共二十四爻東卦壬子癸午庚辛戌亥八爻西卦丑艮甲乙巳坤六爻爲進神者共有十四神東卦寅卯辰巽未申六爻西卦丙丁乾酉四爻爲退神者共有十神此進神退神均就一局而定進神八卦有十四退神除本卦而計七卦有十爻故曰八卦共二七七卦十也然進神本吉有在此卦則爲進爲吉在彼卦則進亦非吉者退神固凶亦有在此卦則爲退爲凶在彼卦則退亦非凶者皆就所立之卦以別進退

以分吉凶。定卦在對宮之卦。用爻從先天納甲。合後天流行之序。配父母子三卦而進退方眞也。

水從山上覓元空。一　雌共一　雄。局憑山向元空立。四凶還四吉。

水之吉凶從來山而定。山之吉凶從元空而分。欲定來水何水。須識來山何山。一　雌一　雄。卽陰陽兩片。山水交媾也。局憑山向元空立者。蓋龍要合向。向要合水。須識元空大卦。定此山屬元空何卦。此水屬元空何卦。而元空定卦。以八卦之中氣爲主。中氣卽一卦之中宮不特司運化於一方而當令則爲八卦之主宰隨時變易播元化黄天符進退詘伸應時消長應律升降據斗迭相推嬗四吉四凶以分內外而山向定也

內神六吉外六凶須去究眞踪若會扦時凶也吉不會吉成凶

此言內外既定爲吉爲凶內外各有六如坎一主運則九八七爲六吉爲內神一二三爲六凶爲外神是也然必究眞踪者每卦又各有六吉各有六凶而吉

凶又各有變也。如貪輔弼爲五吉。四正卦用本卦之干爻爲六吉。四隅卦用本卦之支爻爲六吉。似也。而細究眞踪。則吉有非吉。凶有非凶者。此其中有生成配合之理。而不泥於一定。是以若會扞時。凶也成吉。不會吉成凶也。近日專論元運者。不過一白上元主運。二三爲輔。四綠中元主運。五六爲輔。七赤下元主運。八九爲輔。向水衰旺。訛傳坤壬乙未卯。五位巨門星諸訣。中爻爲父。零神爲子。起貪起弼。取坤取卯。近水定局。不知漏息。所扞當元旺運之局。吉凶終屬無

定由不知究眞踪。合元空。定生成。辨龍水。是以終成不會扦耳

大小元空多說錯。指鹿竟爲馬。生成隨地是元空。莫曉仙八卦。

俗傳大元空。子寅辰乾丙乙爲一龍。屬金。午申戌巽壬辛爲二龍。屬木。卯巳未艮庚丁爲三龍。屬水。酉亥丑坤甲癸爲四龍。屬火。陽順陰逆。收山出煞。小元空丙丁乙酉屬火。乾坤卯午屬金。亥癸甲辰屬木。戌庚丑未屬土。子寅辰巽辛巳壬申屬水。生克定向。紛紛

諸說竟是指鹿爲馬。豈知一生一成。隨地不同。隨時無定。仙人用卦之法。處處是元空乎。眞無如人之莫曉何矣。

中篇

巨武雙關乾甲丁。甲丁山變更。廉貞帶巨坤壬乙。壬乙生荆棘。巨吉祿凶艮丙辛。丙山兌破軍。貪狼武曲巽庚癸。庚山化官鬼。即此推來四十八。挨移爲脫煞。時師只知順逆行。白晝霧冥冥。楊公指點何明哉。時師胡亂猜余今索性都題破。好去思量做。

此指俗傳挨星之謬也。言就彼所推。乾甲丁爲巨武若立卦在甲在丁。則甲隸震而乾甲爲文。丁爲祿存矣。非變更乎。廉貞帶巨坤壬乙。若立卦在壬在乙。則壬隸坎而離壬起貪。坤乙爲祿存。乙隸震而貪起巽。坤爲破軍。是生剕棘矣。巨吉祿凶艮丙辛。若立卦在丙。丙屬離坎起貪。艮丙屬破軍。立卦在辛。辛隸兌艮起貪而辛爲廉貞。貪狼武曲巽庚癸。若立卦在巽震起貪而癸坎爲武。立卦在庚。庚隸兌巽。巽爲廉貞。化官鬼矣。卽此推排四十八局。爲挨移脫煞之用。時師只知順逆旋轉。以僞傳僞。自爲得訣。豈知楊公明云。貪巨武輔雄。下後令人絕。又青囊奧語坤壬乙巨門從頭出。艮丙辛。位位是破軍。巽辰亥盡是武曲位。甲癸申。貪狼一路行。其指點明白。從頭一一路。有憑有據。並非深奧。乃胡猜亂想。以翻卦爲眞訣。順逆挨排。終歸魔境。而講元運者。又不知挨星卽是元空。僞造子癸甲申起貪之訣。如白晝重霧。不辨南北東西。所由索性題破。深闢俗師傳會翻卦之非。而惕發挨星倒排對宮起貪卽是大元空之奧旨。好使人去思量做也。

山上龍神不下水。巒頭猶易會。水裏龍神不上山。此處有元關。

此言山水龍神。不相混雜。山自管山。水自管水。不可一例論也。蓋山上龍神。不與水同。全以形局為主。其巒頭美惡。燦然在望。故易領會。水裏龍神。不論形局。全在生成到頭。以元空大卦為吉凶。此處實有元關眞竅也。

漫道平洋莫問龍。水上認來蹤。水裏龍神只管水。交會在山隴。

此論平洋不得專重水神也。故言莫道平洋不問龍。只從水上尋踪覓跡。須知水裏龍神。雖止管水。但水之吉凶。又在實地來龍。對待交媾入首上辨別。非全憑水神以論生旺。如剪水定局。不生不成。不與山龍交會。不可漫言吉也。蓋元空大卦以內卦陰卦實地山向來龍為主。而後辨水神以定卦耳。

長短純雜水中藏。山上吉凶裝。水劫風吹都不怕。只要水合卦。

看水龍之法。專問來源進口城門出脈。故長短純雜在水中藏也以水之長短純雜裝配山上吉凶自定。有時水劫風吹看似可畏卻都不怕者以水之出脈入首三盤合卦也。

最是朱衣三貴客兩局相投納若還一樣去逢迎玉帛起刀兵。

朱衣三貴客即是當運三吉夫一卦三爻中宮者司運者也不從先天納甲變易旁兩爻則從納甲隨爻遷變蓋先天所納乃其本性所謂先天之氣真後天之氣假氣從質理從先也如兌局甲卯乙三爻乙納

於坤甲納於乾坤乾兩爻與震宮不合。故細究眞蹤。

上元之龍有從下元之運。而下元之地有從上元之

運者。上歸上局。下歸下局故曰兩局撥納若還一樣

逢迎。則吉內藏凶。玉帛起刀兵矣。

父母如何去倒排。生旺認來源。相生相比爲三吉。緋紫

無休息。

排父母卦不用順而用倒者。蓋乾父坤母。父爲天母

爲地。元空卦運均從天卦而定故北斗打劫。必要合

離。離爲午分。卽是天也。龍水陰陽均隸於離宮一卦。

九星主運之氣。排到離宮屬何卦位。屬何五行。便知生旺。曰倒排從水上排到實地。而水有水之生旺。地有地之生旺也。認源來。辨出脈察交媾也。相生相比非時師所傳生旺比和。係從所立之卦。大五行生旺同氣同卦。三盤配合。水合三吉。兼輔弼爲五吉之地。則天光下臨。地德上載。陰陽相見。福祿永貞。故緋紫無休歇耳。

豈惟剋我最難當。妻見剋我殃。我生我剋如逢退。亡見于財匱。

此就俗傳生剋而言。不獨剋我爲害。卽我剋亦足爲殃。故我生我剋。如逢退神。立見丁財匱。此卽其生不生。其剋不剋。論生剋無泥生剋也。彼三元正運生運比運克運之說謬矣。

八道洛書有九數。未剖從來。故河圖卦畫不知宗。幾被先人悞。生數逢五成數十。相得還相合。陰陽老少兼剛柔。同心各自求。

八惟執定死法。謂洛書九數。迭相司運。強分上中下三元。由未剖合卦之故。是以不知河圖生成配合之宗言而妄言二七三八。見坤見卯。就傾瀉走泄之地。剪水定局以害人也。一二三四生數。六七八九成數。五位相得。六退一為五。七退二為五。八退三為五。九退四為五。各有錯綜配合之處。陰含陽。陽含陰。老少剛柔。奇偶交媾。本有真正夫婦。同心合德。宜細求也。

葬法千般對不同。只在合元空。若還些子無差錯。局局盡相通。

吞吐浮沉合。形與象。千變萬化。對不同也。而合五合十。元空定卦。總莫能外此。是以卦合元空。即九局變化至四百三十二局之多。盡相通矣。

下篇

東西南北三般卦。離合親疏話。天地父母卦三般前後倒順盤。

三盤卦而言東西南北者。卽江東江西江南北。三卦地盤也。離合親疏謂同此地盤一卦。有爲親爲合爲離爲疏之不同也。天地父母三卦。乃天卦主氣。合地卦交媾。定父母子息以合用舍也。前後父母兩卦。出脈到頭也。倒順卽對宮起貪順行。故曰倒順。

乾向乾流出狀元非乾禍輕纏卯山須認卯源水坐卯巽旋至時師不識眞仙訣依書做還失

此因時師泥於天玉經乾山乾向水朝乾乾峯出狀元卯山卯向迎源水大富石崇比等句而妄言回龍顧祖或妄擬乾爲先天之乾或妄謂坐庚向甲卯爲庚向或爲離源而豈知乾向乾流卯山卯源即字字合法而不在乾卦卯卦即攖巨禍有凶無吉矣是以索性指破曰非乾禍輕纏坐卯巽旋至而嘆時師不識仙機依書做失也

坐正朝零話不明貽誤禍非輕縱然識得零和正雌雄要捉定龍差穴錯局情乖變出火坑來

零正不明禍福無主時師只知來龍爲正神水爲零神而不明主運中卦爲正神旁兩爻爲零神如七赤兌運則酉爲正神庚辛爲零神也天玉經云正神百步始成龍水短便遭凶蓋主運中卦必百步二十五丈實地不見水光方能貢福水短遭凶言即些小短水亦足致凶而零神則不問長短或吉或凶不同斷矣蔣公所由註云零神在水則吉在向則凶蓋插破

零神。則正神之氣尤足。若零神在向。則正神落空。所云雖短亦凶。如丁庚坤上是黄泉。坤爲正神也。坤向丁庚不可言坤爲正神。即丁向庚向。而坤字總落空也。雌雄捉定甚言龍向合十。前後必須合五。以子定母。交媾方眞。始能捉定。若龍不合向。爲龍差。水不合向。爲穴錯。元神失收局。即更變。收煞出山。有凶無吉。

變火坑矣

來源朱雀妬陰陽。斡合福綿長。如何驟發罷驟罷。只緣水出卦。

來源朱雀卽三义城門爻卦也姤陰陽合十也幹合福綿長大幹水行龍轉身出脈結穴爲大幹結穴來源悠遠故福澤綿長也又有此等幹龍結穴而驟發驟罷者緣來源之水本不同卦只取朱雀入首一節合卦或卦氣將終如在巽卦作巽局在離卦作離局之類。

細看房位合年庚休咎有明徵生剋制化須詳細切莫談輕易。

此節言房位吉凶不獨孟青季白又須配合年庚休

咎方有明徵。其生剋制化。有當生不生。謂剋非剋。不但隨卦氣時運爲轉移。又逐爻變化。氣從先天合吉合凶。其制化之法。隨時隨地甚爲詳細。切莫輕易也。

五路陰陽一路中。天然夫婦逢巨族爲官都出此橋斷不相接。

五路陰陽。五行生旺衰死也。歸於一路。則入卦只有一卦通隨所用之卦。以流轉八卦。蓋四十八局。不離本卦總局也。天然夫婦逢陰陽配合胎息生成也。巨族爲官。丁財秀都從此卦而出。若龍差穴錯。橋斷不接子不合父。陰陽顛倒。則螟蛉繼宗。有凶無吉矣。最是水神要清潔。異姓休來雜。若還夾雜二宮來。繼贅螟蛉出。

水神清潔。父母子三卦全備。地卦合之天卦。無不配合也。異姓來雜。則東西混雜。龍不合向。向不合水矣。夾雜二宮。如卯甲寅艮庚申丁未之類。元辰失收。子母不合。有絕嗣覆宗之患。剪水當元。有何益哉。

認龍審局辨源流。乘脫細推求。星辰毫忽如差錯。下後憂貧絕。

認來龍地卦也。審局運天卦也。辨源流出脈對待城門也。當元則乘。失運則脫。乘脫之門。須仔細推求。星辰差錯。如欲收坤申。偏是庚酉。欲乘甲卯。竟是寅甲。欲收巽辰。錯到巽巳。謂同宮無害。不知元神不合。貧絕無疑矣。

時師只取陰陽卦。順逆長生話。訛謬相傳悞殺人。到老不知因。

時師呆論陰陽兩卦。陽順陰逆。左旋右旋。生旺立向。衰墓放水。而講元運者。又不辨來源出口太極元神。

合五合十。父母三卦之法。止剪取一節旺水。不分順逆。種種訛謬相傳。有背至道。到老不知因矣。

千金無價神仙訣。翻天倒地說。你道相生我道死。你道冲我道合。

此言神仙眞訣。所以千金無價者。只是翻天倒地。衆人謂之生旺。合之眞訣。偏是衰死。衆人謂之相冲。合之眞訣。偏是相合。蓋得運失運。不專論水神。是以上元有可收下元之水。下元有可收上元之水者。此其所以爲翻天倒地也。

元空大卦箇中藏。平步佐君王。隨手扦來夫婦姤。立地財丁救。

此節言富貴可以立致。所以申明元空大卦轉移之速也。

楊公妙訣只口喫。期期雙句說。好似華言對八蠻。須待人翻譯。

此節申言楊公天玉經妙訣。重言丁寧。只是口喫期期艾艾。每一句以數句出之。似華言對八蠻。必須通事翻譯。方可明白。若死煞句下。終屬不解。而所傳皆謬妄矣。

金口訣 元幕講師編

上篇

先天金口訣，造物忌輕論。坎離逢震巽，艮兌合乾坤。八卦定龍穴，水以六甲分。山中龍配穴，洋地問元辰。貼水與離水，皆須一氣親。一元紫午九，辛亥許同倫。一值牛艮輔，三居金酉巽。四通乾豕利，中五覓廉貞。六氣巽風扇，七當甲乙心。八則坤猿動，九數貪癸輪。倒顛顛倒算，禍福細推評。合得這些子，山川路路靈開口提出先天二字。見有體斯有用。若無體言用。終不足以爲用也。到頭配穴眞正心法。改奪天命。轉移造化。不可亂傳。故爲造物所忌。坎離逢震巽。言水火不相射。必由於雷風相薄也。艮兌合乾坤。言山澤通氣。必由於天地定位也。龍穴以八卦而定。四維四正。奇偶相配。方可定穴。先天之氣眞也。水以六甲而分。以甲子紀年排運取其乘時當旺。爲入用之本。山龍體也。故專以形局爲主。須先後相配。星峯滿照。氣聚成形。內生暈極五土四備。不從後天元運而定吉凶、龍配穴者。如坤龍必成巽穴。巽龍必成兌穴之類。以龍配穴。一定而不可易移也。平洋水龍。離山已遠。地氣至此。平鋪散漫。難以測度。必以水爲收束。而接其光。所以水即爲龍也。水用也。走而不守。純以氣化。專從後天卦位。辨其生死衰旺。以洛書爲本。上元一白坎。以丙午丁爲對。一合九也。二黑坤。以丑艮寅爲對。二合八也。三碧震。以庚酉辛爲對。三合七也。四綠巽。以戌乾亥爲對。四合六也。五黃居中。辰戌丑未四庫齊開。五合十也。六白乾。以辰巽巳爲對。六合四也。七赤兌以甲卯乙爲對七合三也八白艮以未坤申爲對八合二也九紫離以壬子癸爲對九合一也一二三四之卦六七八九在貪六七八九之卦一二三四在弼龍運自一順行至九水運自九逆行至一故東卦西西卦東南卦北北卦南翻天倒地變易無定而山川之吉凶必隨時運爲轉移其始無始其終無終地理之道全在知時庶干從支從八卦從路路歸一無不響應是以路路靈也可見卦氣元運之說自管郭以來楊曾吳廖靡不用之惟隱秘其旨微露其說

於三合書中。使人自悟。追慕講剖露而蔣氏大暢其詞猶恐人不悟。深闢玉尺經俗註之謬。此非蔣氏之私言也。世人執定印版格局。死殺方位謂生非生。謂死非死。安能窺造化之生機耶。

中篇

第一看水龍。休咎不相容。一二六八吉。四五七三凶。吉則當乘氣將棺貼水冲。凶須來就局。覓水問眞踪。局法如差錯。兒孫立見窮。水神清潔者。定卦在其中。若是兩兼者。螟蛉繼其宗。此爲立極法。微妙在元空。氣局雖然巽元空總是同旣能定一卦。外氣要相通。四畔都融合。何愁不顯榮。

此言旣知元運。而擇地又以形局爲重。休咎立見。不可忽畧。一二三六八吉者。一貪二巨六武八輔。其形爲吉。取方圓曲折灣抱有情。即方土圓金大吉圓平氣不如環氣足是也。四五七三凶者。四文五廉七破三祿。其形爲凶。蓋欹斜尖銳直硬之形。俱是殺曜。所謂直木火星皆大忌是也。此九星專論形局。並非挨星切勿認錯。吉可乘氣。言地形旣吉。則貼水更妙。蓋坐後宜空空則氣動也如水形雖凶而有旺元水局可取必須尋出眞正到頭交媾元辰卦合先天方可入用所謂眞踪也問眞踪三字不可粗心讀過使非眞踪誤認立局則水形旣凶局法又錯看似得運實則路遇夫婦並非眞正交媾其凶立見矣水龍定卦全在元空清純無雜稍或兩兼卽爲失胎陰陽差錯如螟蛉繼宗非一家骨肉地理移步換局得元失元惟在於此此爲立極之法四十八局局局有元空父母子孫百千萬億奇形詭狀種種不一而微妙之理總

不離元空二字。故申之曰局法雖然異。元空總是同。此陰陽之大總持也。然元空必一氣輸灌。元竅相通之眞蹤。始四畔融合。榮顯可期。非止取一水一山驟榮暫發者爲用。其久暫明徵。見下篇文中。

下篇

二十四元辰。統之爲八極。元辰若斷橋。外氣總無力。如人正氣虛。富貴有何益。內淸外局凶。當時先發迹。雖發不久長。只因生變易。元辰水値凶。龍穴皆相得。山向合元辰。一代丁財的。三卦一氣通。九世貴無敵。經縱緯必橫此法爲眞的。故須觀外朝。外朝有順逆。經正自與隆緯斜小有厄。照應吉神多。富貴無休歇。水情與穴情。彎環生奇特。前高後清空。氣旺眞龍穴。

此言二十四方。方方有元辰。而所謂元辰者。又須與外氣相通。始爲有益。若內情與外氣不通。龍差穴錯背時失運。名曰斷橋。不可以通人之往來。雖稱元辰不能接向中之氣脈。即屬贅瘤蠙蛉。外面縱山環水繞。總是公共門戸。與穴無涉。如人已待斃。富貴何益可見近身一滴。乃造化根源。改移天命。全在於此。是

以生成相配內清合局即外局未合尚可暫爲發跡
所謂父母不是未爲好無官只豪富馬上斬頭水出
卦一代爲官罷是也若元辰水値凶不合生成配偶
則已陽差陰錯矣雖龍向合運乘時水收三吉亦止
一代丁財終必衰替不振所謂路遇夫妻二十年財
丁兩旺稱心田是也然則欲求福澤綿長三元不敗
者惟父母子三卦全備一氣相通無漏無洩不假造
作自然生成始九世無敵興隆不替耳此以知陰若
無陽定不生陽若無陰定不成合元合運合五合十

方無遺憾彼專言救貧乘一時之三吉者非也經緯縱橫水形之大關節江東西三卦天地八三盤不相夾雜上乘也外朝正內氣或不正立穴之時小有偏斜是爲大醇小疵初年不利先到先收也照應吉神主外盤言羣砂夾輔衆水縈洄織錦交牙關鎖緊密自然富貴無休彎環奇特前高後空此坐水騎龍上格也故結語復贊美之曰氣旺眞龍穴見非易得也

催官篇 補註十則

葬書曰占山之法以勢爲難而形次之方又次之

勢如萬馬自天而下其葬王者勢如巨浪重嶺疊嶂千乘之葬勢如降龍水繞雲從爵祿三公勢如重屋茂草喬木開府建國勢如戈矛兵死形囚勢如流水生人皆鬼形如植冠永昌且歡形如覆釜其巔可富形如負扆有壠中峙法葬其止王侯崛起形如燕巢法葬其凹胙土分茅形如側罍後岡遠來前應曲迴九棘三槐形如仰刀凶禍伏逃形如覆舟女病男囚牛臥馬馳鸞舞鳳飛騰蛇委蛇黿鼉魚鼈以水別之牛富鳳貴騰蛇凶危形類百

動葬者非宜四應前案法同忌之經曰地有四勢氣從八方寅申巳亥四勢也坎離震兌乾坤艮巽八方也是故四勢之山生八方之龍四勢行龍八龍施生一得其宅吉慶榮貴此言山龍以氣勢爲上形象次之方位又其次也楊公專論龍星勢也廖公專論穴星形也賴公專論天星方位也夫氣行乎地中其行也因地之勢其聚也因勢之止葬者原其起乘其止也周子曰天下勢而已矣勢者即龍之行度也講山法而不詳行度性情縱精義

入神終爲偏至之詣楊廖九星正副變化後人宗之卽不得眞詮不過錯認星體不至貽害若宗賴公天星而不知斗建歲差時移月異執定天皇天市亥艮之說以論陰貴陽賤三吉六秀則貽害無窮是不可以不辨故補註以存眞使傳訛者不得藉口以誤世云。

千尺爲勢百尺爲形世之論形勢者每遺卻性情卽偶有及之者亦不過就形勢而言若立木天穴坐木入穴眠木地穴剛金無穴頑土不化火必剪

焰水取挨金之類未有能暢言理氣之性情者是以愈講愈晦惟賴公催官篇發古人所未發指明先後配合卦爻輕重乘運主局之眞理氣如四龍博換艮穴轉乾天皇換入天市少微轉巽還少微太乙少微復太乙是也蓋二十四龍配二十四氣上應二十八宿其出脈穿山本各有眞正性情若戌爲火餘近水臨田亥乃震兑餘氣短縮丑未偏側艮巽秀嫩此性情形勢見於理氣者也催官能闡發吉凶禍福之所以然勝於泛稱某宜某忌而

不能言其故者。

催官第一天皇龍剝龍換入天市東陽璇少微左關局。廉貞起祖峯重重右關廉貞降樞兌變換太乙東南雄。此賴公指明統局主局之大卦運也宋末元初山龍大運雷山小過主局先天艮統局乾亥也天皇也先天震當元丑艮也天市也故以天皇天市為第一龍後天之乾即先天之艮先天之震係後天之艮總云先後配穴不離本卦即金口訣所云山中龍配穴也陽璇巽也少微兌也巽為先天之兌辛乃巽之納甲。

廉貞震也陽樞艮也太乙巽也亦是後天之震轉先天之震從後天之兌求先天之兌迭相爲配也左關右關乃左右關城大爲關小爲峽也

穴承陽樞乘生氣或更受穴天皇宮天皇太微爲正向

陽樞穴癸爲上龍四神八將應位起三火並秀三陽沖三陽洋潮入庚震食邑開府應三公更出仙翁與佛子蓬萊眞境超凡風

穴承陽樞而曰乘生氣者後天艮先天震主運生氣旺氣在艮也受穴天皇宮山龍無直龍直向撞背頂也

煞之穴必須左右旋轉由後天轉到先天以龍配穴生氣方眞太微丙也丙爲艮之納甲亥氣入穴以丙爲正向巳丙寄宮雙山向法納甲歸元不可離乾戌也若陽樞穴癸則癸丑同宮必得丁向所謂如得丁向坤水曲坤水屈曲又朝堂流出辰方科甲香也四神八將寅申巳亥四勢拱衛夾侍輔從坎離兌震乾坤艮巽八方環列羅城周密宜陰宜陽遠朝近揖如屏如牆無有空缺無一不應故曰應位起也三火三陽巳丙午也洋潮庚震逆水入局自右倒左河洛配

息離峯高聳呈秀。則食邑開府。貴顯必應。仙翁佛子。紫氣淸秀絕塵。不沾凡俗。天星當元乘旺。純淨無雜。則不獨極人間之富貴。而且出超凡入聖之人也。又艮出仙佛。巽乾出鼎甲。離震庚甲武貴。兌丁辛貴壽。魁罡尼僧之類。均須詳龍審穴。以分貴賤。隨卦運以定吉凶。無一定之成法。若拘泥執滯。鮮不貽誤矣。

天樞起祖降兌巽。變艮作穴官位同。少微起祖降樞巽。亦主富貴與隆同。六秀變出紫微局。沙水應位官無窮。六秀行度閒震庚。三吉受穴文武崇。陽衡起祖降三吉。

震庚受穴應武同。亥山一丈能致富。巽水一勺能救貧。
辛山十丈富相親。難養過房異姓人。

天樞艮也。起祖轉兌入巽。則脈來盤曲。龍度純淨矣。蓋巽本爲兌之先天。丙乃艮之納甲。巳爲兌丁納甲。艮兌巽原屬一家骨肉。還艮作穴。其大貴大賢吉應亦無不同矣。少微轉巽。興隆富貴。亦相同者。先後配合也。六秀艮丙巽辛兌丁也。紫微局亥也。涉水應位。陰陽相見也。官無窮者。貴秀疊出也。行度閒震庚。庚納震亥未。震又爲艮之先天。龍穴配合。三吉震庚亥。

木火金形。文武相間也。故主文官而握武柄也。若陽衡卯起祖。轉亥庚受穴。有武貴而非文職矣。亥山一丈巽水一勺。甚言乘運當旺。即一丈一勺之微。亦能致富救貧。辛山十丈。見十倍於亥。不過與富相親。而不能自富。且雖養過房巽姓之人。則受煞衰敗。卦運未至也。時師不知立言之旨。執定亥巽方位非。

震庚沙水秀朝位。持節邊疆統卒戎。少微轉巽還少微入財昌熾官職卑。太乙少微復太乙。亦主文章持彩筆。迢迢西兌入天皇。清貴翰苑誇文章。天皇迢迢入西兌

亦主清貴寒氷霜迢迢天皇剝入艮富貴兼美芝蘭芳
天皇天市龍第一巽辛兌丁官可必最喜廉貞作祖宗
廉貞作祖爲官疾陰樞南極及天漢行龍受穴最榮吉
天屛巽丙同逶迤只主優遊富衣食半鬼二氣災害萌
拜禮神佛崇香燈二煞獨行豈爲吉宜與丁艮相兼行
丁艮行度龍局吉男女多疾家豐盈
震庚主武沙水朝應秀拔得位則持節建牙統領卒
戎握兵柄也少微轉巽還兌太乙轉兌還巽一則由
後天轉先天而復還後天受穴故入財昌熾而官職

卑也。一則由先天轉後天。而復還先天受穴。故亦主文章持彩筆也。蓋後天不如先天。兌金肅殺。巽木暢茂也。西兌轉亥。亥轉西兌。而云迢迢者。紆迴長遠。不急不促也。星躔奎壁。亥正當元。故主清貴。自亥入艮先後相配。富貴兼美。芝蘭競秀。卦氣當旺也。亥艮爲第一。重言以明之。見卦氣之不可輕也。巽辛兌丁。一爲圖書之府。一爲南極之尊。廉貞作祖。在賴公之時。爲第五十八甲子。山龍小運。卯正主運。故爲官疾也。陰樞丙也。南極丁也。天漢庚也。艮丙兌丁震庚。三吉也。故受穴榮吉。天屏巳也。巽丙隔宮。先後不配。富豪而已。牛丑鬼未。此當日之天星。若在今時。則天皇在辛。天市在癸。牛在子。鬼在午矣。此云牛鬼二煞。乃單丑單未也。若兼丁艮則兌丁艮丑卦。氣乘旺。龍局吉矣。故家豐盈也。男女多疾。終以丑未帶煞之故。

陽權軟伏蜂腰起。陰權沙水來相迎。切忌亥戌來照穴。鼓盆反覆災相仍。陰權坎癸貴精俊。岡勢磊落如流星。陽權沙水秀朝穴。龍虎抱衛公侯生。

陽權午也。陰權壬也。亥戌水先後相破。故照穴則主鼓盆刑尅災害頻仍也。坎龍精俊子。癸出脈。不離壬亥。離方沙水秀朝乾。坤得位。陰陽相見得運乘時。又得龍虎抱衛。則為公侯大地也。

陽權陰光沙水秀。陰陽沙拱官班榮。陽光瑤光陰權位。行龍懶緩生泉泓。陽光單行更高聳。孕生六指無猜疑。陰元行龍兼鬼氣少。亡孤寡兼尼僧陽璇單來最凶惡。絶嗣無主墳荆榛。魁罡行龍不堪穴少。亡惡逆常爭競山奇水秀穴周密暫可致富隨伶仃。陰璣天棓若受穴痼疾瘋跛人生盲。寅甲行龍穴奇巧。僅可一發人溫飽。

陽龍懶緩不須裁。形孤穴露生凶災。龍行起伏如萬馬。陽局周完要奇雅。

此論脈來純雜。卦氣盛衰。以分貴賤。非必貴陰賤陽也。陽權午。陰光癸。沙水秀美。陰陽拱衛。官班榮顯。離正當旺也。按下元九紫。坎癸當元主運。此以離爲旺者。蓋雷山小過。雷乃艮也。艮之後天爲乾。乾之先天是離也。子爲陽光。癸爲瑤光。壬爲陰權。行龍懶緩。生泉汎。不獨失運冷退。且形勢不備也。坎卦單行。生六指。癸數地六也。陰元坤也。兼未沾煞。孤寡尼僧。返吟差錯也。陽璇乾也。單行老亢。純陽不化。無生氣矣。故絕嗣無主。魁罡辰戌羅網之地。不堪立穴。主有少亡惡逆。卽山奇水秀。亦暫可一發。隨卽衰替。蓋艮龍主局係先天乾兌離震四龍同旺。戌辰提出也。甲陰璣。寅天梏。主痼疾瘋跛者。甲納於乾。寅納壬戌。卦用中氣。旁支雜惡也。故寅甲行龍。卽穴情奇巧。僅可溫飽。旋卽敗絕。況行龍懶緩。豈堪裁度。形孤穴露。有不凶災疊見者乎。深言理氣不外形勢。是以龍行起伏。勢如萬馬。垣局周密。穴星奇雅。則撥沙趨吉。以人合天。

非必賤陽不取也。

世人只愛龍逶迤不明曲折兼醇醨。天皇行龍莫曲折。璣權氣雜非瑰琦。天市逶迤失正氣。天廚天棓為深疷。陽璇切忌開亢氣。兌庚逶曲咸利宜。陰璇亦忌開婁氣。乘氣慎勿差毫釐

此專言用卦止取正神。不用零神以雜亂也。世人只愛行龍屈曲。若不以中爻別醇醨。則天皇雜乾雜壬。天市雜丑雜寅。乾壬空亡。已非瑰琦。丑寅沾煞。尤為深疷巽龍切忌開辰。犯亢金煞也。兌則開庚無妨。卦

氣同也。辛氣忌戌。婁金之。故結言乘氣必正貫正承

愼勿有毫釐之失。可見評穴章中所稱右耳接。左耳

受腰受臉受者。乃是挨左挨右。以承其氣。或乳中有

煞。閃穴一旁作倚穴也。時師傳訛。妄添氣沖腦散之

說。遇耳受腰受之穴。將棺橫放。不坐正頂。正星。致人

敗絕哀哉。

龍辨中抽左右落。吉凶官職定榮削。左落乾亥如雙行。

乾多亥少那堪作。右落乾亥如同行。亥多乾少堪裁度

中抽乾亥如平分。可作行龍穴休鑿。壬亥雙行詳左落。

亥多壬少官榮爵。雙行右落龍不純。壬多亥少家消索。
中抽壬亥如平分。轉換眞奇莫差錯。單行中抽爵祿縻。
左落乾頂眞龍虧。右抽壬頂爲四輔。龍行官旺何須疑。
艮頂中抽爲第一。最喜直龍嫌透迤。左落丑頂爲半吉。
右抽寅頂生瘋痍。丑艮對頂平分出。穎巽亦主生光輝。
丑艮雙行從左落。丑多艮少生災危。丑艮雙行從右落。
艮多丑少榮孫枝。寅艮中抽不宜穴。左落艮頂堪扶持。
寅艮右落豈爲吉。棓星作主生災非。震山中落最爲吉。
若兼甲乙宜深推。震甲雙行犯風疾。震乙繼贅螟蛉兒。

離丙雙行切須忌。天降回祿焚翬飛。辰巽兼落非精美
左落辰頂堪嗟吁。辛戌雙行本非吉。左落辛頂多鎡基。
丁山正落始爲吉。午未氣雜家陵夷。起頂降脈定偏正
他宮仿此須無違。

此明穴星左右中落。亦必專乘生旺之氣。不可稍有駁雜也。乾亥亥壬而以亥多乾壬少爲堪立穴。亥少乾壬多爲不可裁作者。此就當日卦運而言。蓋亥納震庚未。震卦當元。亥爲旺氣所鍾。若乾納於甲。則爲老亢冷退之氣。壬納於離。卻與亥宮同。故爲四輔。不

碍官旺也艮乃先天之震小過主運先天震當旺故中抽爲第一丑艮寅左落右落中落乃就對面體認以辨純雜故丑爲左寅爲右乾左壬右亦然丑艮同元寅壬提出中元巳亥力旺無疆故丑艮爲吉生光輝也然丑支兼艮爲零神兼正尚生災危若艮寅雜惡豈宜裁穴或仍起艮頂則亦無凶故堪扶持也寅艮右落寅爲主峯出卦生災斷不可作震山中落中爻當元兼甲兼乙零神從納甲則屬乾坤非本卦矣犯風疾繼贅螟蛉者氣雜也丙納於艮丙離非偶

是以回祿興災。辰巽辛戌均同寅艮之例。丁山正落爲吉。午未氣雜。家必陵替。他宮仿此例推。只就震卦主運而言。若在別卦。壬寅未艮。巽辰乾亥。豈作亢陽。元之又元。方可談此理氣。孰定死版方位。不詳形勢脈絡氣運。則葬亥龍震龍而敗絕者多矣。

衰病絕鄉爲福薄。死兼沐浴皆流離。冠官生旺胎養墓不須更論陰陽疵。

此申明卦氣衰旺。見乘時入用。爲第一妙諦。不必更論陰陽貴賤。與前文辨論無二道也。蓋得時乘運。則爲生旺失運背時則爲衰病死絕非必執定龍上起長生向上起長生陽順陰逆左旋右旋若傳訛之謬法也夫衰旺有運生死乘時陰陽亓妙之理惟在知時當日以天皇天市爲第一龍者蓋小過雷山後天在九紫七赤乾甲長生起亥亥卯係生旺也其云不須更論陰陽疵見生旺爲重陰陽無定非自翻前案也。

四龍博換爲上吉卦變二三皆爲希一卦獨行名專一。

正龍落脈無棲遲棲遲閃側爲僞落亦須造化無參差

眞龍僞落爲僞局。龍眞穴的難推移。沙秀水朝爲吉助。剝龍合向登雲衢。僞行眞落雖速福。但恐換骨有興衰。詳觀沙水定品秩。收放乘氣爲眞機。士圭測位勿草草。心意消息母昏欺。龍穴沙水至心要。爲君備賦催官詩。

四龍。艮兌震巽四隅也。隅數偶。故曰陰。震與艮。兌與巽。先後配合。博換氣純。上吉也。豈必陰貴陽賤哉。卦變二三。傳二傳三也。若一卦獨行。卽屬專一。直龍貫頂。乃橈棹沙腳。死鰍死鱔。豈得爲龍。必踴躍起伏。聳拔出羣。方有結作。若棲遲則懶緩無力。閃側則偏斜不正僞落也造化生成有自然之性無參差之氣眞龍僞落是龍已他去而我之所見者僞也龍眞穴的更無疑慮則沙秀水朝均爲吉助矣剝龍合向剏扦卦氣未旺運至而後合向發貴僞行眞落乃沙瀉流神餘氣等穴乘卦運生旺卽能速福換骨興衰者天玉經云假若來龍骨不眞從此誤千人時師不明勉強扦雖發不久卽敗絕是也沙水外應天度內合地盤元氣內主富貴外主故可定品秩所謂上應三垣並列宿官階品級自分明也收放乘氣一以天心爲

主故曰眞機士圭測位方分三八立極認氣草草從事必致貽害心消意息毋自昏欺深戒不可拘泥執滯妄自推測以欺世人結言心要盡在詩中欲人深求而自得也其評穴評沙評水反覆詳盡不外葬乘生氣一句催官第一天輔穴天皇氣從右耳接卽天皇天市第一龍也沙水亦止就一卦而言吉凶故沙以巽巳丙兌丁艮爲貴水則亥龍取巽艮龍取庚辛丙丁與穴配合若現在歲差丑戌未辰係屬四木豈尚以四金爲暗煞哉消撥沙水之法詳具圖說中不

復贅註

馬頭陀水法解補註七則

堪輿之學。先賢愼密。每多隱語。後人拘文牽義。妄為註釋。安能臆中。山法理氣。賴公天星。傳訛害世。已僭為補註矣。若同馬頭陀水法。雖亦只論方位。然卽是大元空大元運大三合也。夫甲生在亥。丙生在寅。乙生在午。丁生在酉。戊已為日月。戊同丙。已同丁。庚生在巳。辛生在子。壬生在申。癸生在卯。有均在向上起者。如東方屬木。木分陰陽。甲也。乙

也。凡脈自東方入首。從南轉來。便作右旋乙木論
從北轉來。便作左旋。甲木論。此甲乙二字。取大局
大勢。非拘定到頭者也。右旋乙脈。必是左旋丙水。
脈自午轉寅而墓於戌。水自寅止午而墓於戌。左
旋甲脈。必是右旋癸水。脈自亥轉卯而墓於未。水
自卯止亥而墓於未。甲乙兄妹也。甲娶癸。乙適丙
為陰陽正配。南方屬火。火分陰陽。丙也丁也。凡脈
自南方入首。從西轉來。作右旋丁火論。從東轉來。
作左旋丙火論。右旋丁脈。必是左旋庚水。脈自酉

轉巳而墓於丑。水自巳止酉而墓於丑。左旋丙脈。
必是右旋乙水。脈自寅轉午。而墓於戌。水自午止
寅而墓於戌。丙丁兄妹也。丙娶乙。丁適庚。是爲陰
陽正配。酉方屬金。金分陰陽。庚也辛也。凡脈自酉
方人首。從北轉來。作右旋辛金論。從南轉來。作左
旋庚金論。右旋辛脈。必左旋壬水。脈自子轉申而
墓於辰。水自申止子而墓於辰。左旋庚脈。必是右
旋丁水。脈自巳轉酉而墓於丑。水自酉止巳而墓
於丑。庚辛兄妹也。庚娶丁。辛適壬。正配也。北方屬

水。水分陰陽壬也癸也。凡脈自北方入首。從東轉來作右旋癸水論。從西轉來。作左旋壬水論。右旋癸脈。必是左旋甲水脈自卯轉亥而墓於未。水自亥止卯而墓於未。左旋壬脈。必是右旋辛水。脈自申轉子而墓於辰。水自子止申而墓於辰。壬癸兄妹也。壬娶辛。癸適甲。正配也。此之謂四局三合地長生也。卽朱雀發源生旺氣也。有不在龍向山上起者。按九宮卦例河圖一六二七三八四九五十生成定數。洛書出震入巽。翻天倒地。排章紀年而

起乃天長生也即二十四山分兩路認取五行主
五行若然翻値向百年子孫旺也其會斷吉凶乃
天長生與地長生並叅同論故曰沐浴來會長生
又曰以生投沐蓋地之水局不變而天氣流行無
常忽爲生忽爲沐初非一定其大墓起破軍絕胎
爲祿存養生貪狼位沐浴帶皆文宮旺爲武曲逢
衰是巨門廉貞當病死七曜一齊分此即天地相
合配卦位以起貪之訣也如甲長生在亥戌爲養
乾爲貪狼則養生爲貪矣壬長生在申未爲養坤

爲貪狼。則養生爲貪矣。大墓起破者。墓卽建破也。坐貪向破。破乃建之對宫。卽向也。三吉也。甲以未爲墓。大五行用寳首震。未寄於丁。午丁爲破矣。丁起亥貪狼也。壬以辰爲墓。乙寄於辰。辰卽乙。乙起申爲貪也。八局同。

乙甲艮兼丁丙巽。辛庚坤與癸壬乾。貴人三合連珠水。三合連珠爛了錢。

此乃四維之元辰水。卽養生二位之貪同例。内有生成之妙。恐世人不明。又露水訣眞傳一首云。連珠經丙起雙山滿掌長生不放閑。識得陰陽顛倒用。水之禍福泄機關。指出大元運大元空之理。長生二字。乃元關眞訣竅也。金口訣云。合得這些子。山川路路靈。又云氣局雖然異。元空總是同。卽此竅也。曰長生則非夫婦乃母子矣。陰陽顛倒用。卽江南龍來江北望江西龍去望江東。坎卦用離。兌卦用震。顛倒倒顛。迭相爲用。坐陰收陽。坐陽收陰。禍福機關。不於此泄漏哉。

乾宮正馬甲方求。借馬原來丙上遊。辛是乾宮之正祿。

三方齊到福無休。巽辛正馬甲正祿。艮丙馬兮祿乙搜。

坤是乙來爲正馬。丙爲正祿更宜求。

此祿馬貴人水法。卽大元空大五行也。所謂祿。卽是城門出脈對待之水。馬乃催官元辰長生之水也。出脈卽是官星。乾以辛爲祿。甲爲馬。蓋先天之易起乾亥。以大五行之甲爲馬。坎一甲子爲長生馬位。辛納於巽、係對待。又出脈逆轉。則從丙巳而入。謂之借馬。須止息於辛。故辛爲乾之正祿也。中天之易起巽。巽以辛爲馬。辛合在丙。爲正馬。四九也。甲正祿者甲納乾對待也艮馬丙者。後天之易起震。震卽卯三。大五行之丙。乃艮之正馬也。祿乙搜者。乙納於坤也。坤以乙來。乙合庚庚兌七爲正馬。丙納艮爲正祿也。不言借馬。二四火金易位。巽取辛合。坤取乙合。如德之陽以自任爲德陰以干合爲德也。四局皆同。馬位非盤上干支。故曰似取納甲。實非納甲。後人實指方位謬矣。

巽庚癸兼乾甲丁。艮丙辛與坤壬乙此水名爲四貪狼合局之家眞富貴。

庚甲丙壬四干之位。乃四正之脈也。不在盤上實字。與前祿馬四干同例。蓋天元陽遁始於壬。地元陰遁始於丙。人中六氣終於甲。鬼中五煞終於庚。天運起於六辛。地建肇於六癸。乙丙丁爲三奇。戊巳分宫爲直使。故甲庚丙壬爲體。配癸丁乙辛四正向爲用。巽乾艮坤四維貪狼水。眞正三合到頭。富貴無疑。青囊序云陽山陽向水流陽。執定此説甚荒唐。陰山陰向水流陰。笑殺拘泥都一般。若能勘破個中理。妙用本來同一體。陰陽相見兩爲難。一山一水何足言。玉尺經云。庚甲丙壬之夫。配丁癸乙辛之婦。陽遇陰。陰遇陽。若非其配偶。即謂之陰陽差錯是也。又乾癸坤辛是正奇。艮乙巽丁過度時。若是相逢順逆轉。爲官早折桂中枝。癸辛乙丁。即坎兌震離也。與乾甲坤壬艮丙巽庚同例。元辰過度相配。四正逆。四維順。順逆不同。即分定陰陽歸兩路。順逆推排去。陰陽順逆不同途。須向此中求。九星雙起雌雄異。元關眞妙處是也。又先天羅經十二支。八干四維乃後天增入。故八干大五行。隨氣機斗杓流行爲用。不執定盤上方位之干維。知此便可、讀司馬諸水法矣。俗註庚甲等字俱在盤上非。

乾山巽水出朝宮來水去水總一般。莫教辰巳兩宮流。男孤女寡受貧寒。坤山艮水出富豪。爲官分外更清高。切忌丑寅支上去。瘟瘴虎咬幾番遭。艮山坤水還主富。廣置田園開質庫。莫教申未兩相見。賣盡田園并絕戶。巽坐水流乾上去。金水相生富且貴。若流辛戌亥壬方。災火徒流幾遭遇。

此指出四正局元辰貪狼也養生二方之水。必點滴不漏員淨聚蓄方爲眞正交媾若水之止處水之盡處不能員淨澄清且辰巳同在巽宮丑寅同在艮宮申未同在坤宮亥戌同在乾宮爲元辰走泄其凶立見故翦水成局路遇無息專論三元不能無禍俗謂爲直流之格將水作水之去口是未體會來水去水總一般之義也蓋此言來去指浜底聚蓄之水謂之進浜來水亦可謂之出浜去水亦可故云一般若辛入乾宮百萬莊癸歸艮位發文章乙向巽流淸富貴丁坤終是萬斯箱之干支卦位方是水之來去口也

註者不知此四句是言當元旺局。妄起生旺墓以水之去來定吉凶。救貧黃泉。殺人黃泉。聚訟紛爭。同歸魔境。蔣杜陵所由掃空一切。力闢誣妄。而遵蔣說者又誤解向放水。生旺有吉休囚否之向字。竟就去水立向。以爲趨旺。順水直出。泄盡無餘。有不敗絕耶。

知妙道。元關一訣爲至要。識眞情。元上天機竅上分。謾說天星幷納甲。且將左右問原因。先觀水倒向何流。關元造化此中求。內外元關同一竅。綿綿富貴永無休。一竅通關作大謀。元中交媾亦堪求。若也元關俱不媾。局堪圖畫役來由重重生氣入關中連逢三五貴三公轉關一節逢生旺便知世代出豪雄不論陰陽純與駁猶嫌墓氣暗相攻其間造化真元奧不與時師道吾今數語吐真情不誤世間人

此言元關一竅乃當元乘運之第一要訣也元上天機即本元旺運須在到頭上定局所謂竅也天星納甲均可勿論只要看左右原因流到何宮便合何卦關天關地定雌雄總在此竅上定準卦向穴中作是也內外配合一竅相通始可取用若不相通即形勢

甚美亦有凶無吉以侵胎失元乘風受煞也惟重重生旺三節五節三卦全五吉備則生氣始乘龍運悠長三公之貴可期矣一節逢旺亦能出豪雄者得一時之三吉也不論陰陽純駁斥俗說之淨陰淨陽也猶嫌墓氣暗攻以失元失運也合元則吉不合則凶造化在手惟取此元關一竅父母子三卦爲體九星爲用時師不知此竅妄說亂道相離益遠難以理喻而講元運者又知元不知竅止取路遇夫婦贅壻螟蛉之局誤世害人故造化元奧不輕與道也結語發

明惟此一說。吐露眞情。爲不悞世人耳。奈世人終不
解何。

龍分順逆有雌雄。四十八龍水路通。三合先天盤十二。
雙山干卦并支宮。四經審脈遵三合。六入流神四墓同。
干卦陰陽何定準。只憑左右水流宮。

此言龍分順逆。即龍分兩片陰陽。取陽從左邊團團
轉。陰從右路轉相通之。陽一片陰一片。故曰雌雄。四
十八龍。一順一逆。共成四十八也。三合先天父母子
三合。爲先天之體也。盤十二者。十二辰次也天氣始

於甲。地氣始於子。終於癸亥。四歲為小周。十五歲為大周。是故寅午戌卯未亥辰申子巳酉丑。俱為歲氣會同陰陽家以是為三合者。緣其氣會同也。不爾各居一方。義無由合。如何為三合。雙山干卦幷支宮者十二支雖有三合。陰陽終不足以盡地之數。故十干取戊巳歸中。加八干四維。其成二十四位。內盤分於卦氣。卦有三爻。故分三位。外盤分於宮辰。每宮一月。月有消長。故分前後。位分八方。方分三。三八。非此不足盡地理之用也。四經審脈。四維之脈順推。四正之脈逆排經緯縱橫順逆不同東西四卦水火迭運先天後天體用配合之祖脈也遵三合三合七合九合一合五合十天元地元人元龍合向向合水水合三吉之三合也六八四十八局水路交馳四墓同者癸丁辛乙四干辰戌丑未四支也於四墓而曰同又有不同者存也應歸陰位應歸陽位從何取準只憑水到窮時為五行之根源或左右或東西或南北或前後流到何宮便合何卦移步換局生成定位豈拘於水必歸庫之說哉。

水分左右向推移。六八相傳局最奇。世傳圖局眞堪笑。書云左右定須知。天盤立向八皆棄。三合元空訣亦遺。畧採古書三二句。便知作法有成規。

此言水分左右則向亦推移。水左向亦左。水右向亦右。所謂甲庚丙壬俱屬陽。順推五行。詳乙辛癸丁俱屬陰。逆轉論五行是也。四十八局。理最幽微。隨時展布。推移無定。而實有一定之卦氣。世傳圖局。均失眞詮。盡堪一笑。書云左右。乃陰陽順逆。東西兩卦。必須知之明。而後局可定。天盤立向。是就天運。生旺衰死之卦位以收水立向三合元空非生旺墓之三合丙丁乙酉屬火之元空乃合五合十之眞三合元氣默運滴水成胎之眞元空故三合卽是元空元空卽是三合二者同一理也無如眞訣遺棄俗師傳訛用天盤則以壬子丙午之盤消納誰復知天盤卽是天運立向卽是針對出脈星度三合卽是父母子東西中三卦元空卽是元辰胎息耶畧採古書泄漏於此見作法成規古今一揆前賢秘奧有未盡泯於世者焉

蔣氏遺書　二篇

此係蔣氏門人所傳。云出於姜氏。有山運水運。但山運從先天卦位。五百四十年一卦。一卦統八卦。八卦統四十五度。一度十二年。堯起復卦。則震卦統局。現在坤卦統局。於前明天啓四年交天地否卦起也。篇中未曾提及。卽水運六十年一運。上元起七赤。康熙二十三年交七赤。乾隆九年交八白。嘉慶九年交九紫。篇中亦未敘述。則二篇所傳之運。均小運也。字句有脫落處。用韻亦有錯訛。不敢妄爲增改。亦闕文之意。示愼重焉。

山龍訣

相山龍之法遠望卽知結穴之龍有起有伏有粗有細有彎有曲或聳或低羣砂遠送勢如浪湧級級層層旺氣隆隆出脈秀嫩過峽清純不雜他氣一家骨肉自然團聚明堂平正陽朝曲聚無沖無激無聲無破砂不射穴龍虎潛伏穴踏餘氣圓唇裀褥土潤石光蔭木聚蓄重重包裹須求中落前歸餘氣後要峯托不論溪澗迴抱不濁石忌砂碎土貴茂盛草木秀嫩丁在餘鋪財求水蓄富有下關貴搜峽束峽有風吹官星終薄求應速

發得運始富若兼別卦星辰駁雜衰卦無化明訣可作
午丁上元同丙力剝酉辛一樣庚來劫薄寅須單受傍
支雜惡下元坎龍壬出反是若有癸至須巧避作中元
惟巽乾龍反落中黃無穴合卦惟八大蕩迴山方算五
局龍須嫩覓粗種非確卦用中氣衰爻未可諸家五行
惟此先覓星峯秀巧貴在此落文筆貴人祖是火星結
穴土好木為朝案水砂作抱太陰金星輔如紗帽土作
屏座弼形拜倒五星結穴土星金水金忌肥飽水扞灣
抱土星唆硬葬之必了水嫩細巧龍身冲木富貴承保

午酉艮來。以上元裁。子卯酉向。壬寅未艮。巽辰乾亥。豈作亢陽。中元巳亥。力旺無疆。若求下元。顛倒上元。內中妙法。盡在斯言。福祿之門。切勿妄傳。若不禁戒。天加誅譴。

補餘曰。此篇山龍訣所言之運。乃二十年一運之九宮卦運也。山龍運從先天六十四卦方圓圖唐堯前十三年甲子起地雷復卦。震卦統局。以卦分配節候所謂一日有一箇如是道理。一月有一箇如是道理以至元會運世。十二萬九千六百歲。亦只是一箇如是道理也。天地一元之運。爲十二萬九千六百歲。分而爲十二會。會分而爲三十運。運分而爲十二世。世分而爲三十年。年分而爲十二月。月分而爲三氣。氣分而爲三候。候分而爲五日。日分而爲十二時。積四千三百二十時。三百六十日。而爲七十二候。二分二至四立。爲八節。每節各計兩卦。如坤復爲冬至。无妄明夷爲立春。同人臨爲春分是也。十六氣。每氣各計三卦。如頤屯益爲小寒。觀比剝爲大雪是也。先天六十四卦。圓布者。乾盡午中。坤盡子中。離盡卯中。坎盡

西中。陽生於子中。極於午中。陰生於午中。極於子中

其陰在北。其陽在南。方布者乾始於西北。坤盡於東

南。其陽在北。其陰在南。此二者陰陽對待之數。乾坤

艮兌坎離震巽八正卦也。泰否咸損既濟未濟恒益

卽八卦之交不交也。圓圖乾居南。今轉而居西北。坤

居北。今轉而居東南。艮兌坎離震巽皆易其位。於以

見方圖不啻有一定之位。而實有變通交易之義也。

冬至陽生之始。山川氣運。自此而改。堯得天地之中

數。值八統第一建。傳曰三才之理。起於冬至。其理最

微。三微而成著。三著而成象。天以日月星辰爲象。地以往來升降爲象。人以消息損益爲法。堯時甲子起復。以年代時應四千三百二十年。一周天運三百六十度。當期之日。現據長易推查。距堯時實計三千九百七十五年。前明天啓下元甲子交否卦。坤卦領局嘉慶九年甲子火地晉卦主運。雷地豫卦進旺也。仍屬坤卦統局。

水龍訣

兩水合來。脫落二字三叉。實謂城門文脫四字出脈之所。辨元在

此文脫二字城門一國正氣來去交鶩稍有他流氣即交差
莫言吉斷細細推查如不合元繞抱休誇棄之莫下難
作星卦如若妄為禍發如麻用局之卦分為三八一二元
一卦卦有三山坎坤震卦是一二三此法裁排丙午丁
水坎氣之元若值巳未他卦俱災庚酉辛水震卦是山
若偏申戌受氣差池丑艮寅水坤局二言若兼癸甲氣
雜他元卦之不清禍福並來何謂收水近身一滴先到
身邊方為精血何謂水龍水即當龍審龍之法要在行
止來去不止還作龍行若有浜兜就名胎息灣環活動

方有生氣求直去斜此爲死龍若還葬之敗絕無疑水龍落脈與山無異山是峽處出枝法同與水無二水看三义是曰城門千言萬語此訣惟眞元運之辨惟在斯成再至近身切須淸純不可忽畧禍福權衡局有生氣龍須倒尋顛顛倒倒方是眞寶一 例順推禍即來臨往往時師不知此情每尋高地指作龍行必求過峽朝山作應坐後須高不辨元運不知生旺妄起長生指某干支此是貴星惟求巽水龍求亥行庚丁辛好此方砂與丙午巳方三陽火名火星得起有官高陞種種雜論難

以盡言不曉雌雄兩片難分交媾之法何處追尋倒裝錯誤若用五行惟挨星法此是眞情若論地法還遞隨天運。

補餘曰水龍運從後天上元七赤開天以火制金唐堯甲子起七赤凡六十年一運亦五百四十年一周九宮康熙二十三年上元甲子七赤乾隆九年中元甲子八白嘉慶九年下元甲子九紫小運二十年一運現在七赤兌運是也經云分卻東西兩箇卦者蓋一白坎對離離先天爲乾乾三爻皆陽陽爻用九三

九應二十七年自甲子至庚寅方止辛卯年交二黑
坤對艮艮先天爲震震一陽兩陰爻用六一九爲
九二六十二應二十一年至辛亥止壬子年交三碧
震對兌兌先天爲坎坎亦一陽兩陰應二十一年至
壬申止癸酉年交四綠巽對乾乾先天爲艮艮亦一
陽兩陰應二十一年至癸巳年止是爲江東一卦共
九十年均屬貪狼領局甲午年交江西一卦則右弼
統運故曰坎離水火中天過龍墀移帝座也蓋一白
主運以一入中順飛則六白到一故曰一六同宗二

黑主運以二入中順飛則七赤到一故曰二七同道三碧主運以三入中順飛則八白到一故曰三八爲朋四綠主運以四入中順飛則九紫到一故曰四九爲友也六白乾對巽巽先天爲兌兌二陽一陰二九十八一六爲六六應二十四年至丁巳方止戊午年交七赤兌對震震先天爲離亦二陽一陰應二十四年至辛巳止壬午年交八白艮對坤坤先天爲巽亦二陽一陰應二十四年至乙巳止丙午年交九紫離對坎坎先天爲坤坤三爻皆陰三六應一十八年至癸

亥止。亦九十年。仍起一白矣。六白主運以六入中順飛。爲一白到九。七赤主運。以七入中順飛。爲二黑到九。八白主運。以八入中順飛。爲三碧到九。九紫主運。以九入中順飛。爲四綠到九。則一六。二七。三八。四九。均在離宮。相合矣。故六七八九江西一卦。屬右弼領局也。依卦爻排年值運。並無中五之局。其異于二十年一運者。如山龍一卦三氣。一氣三候。八節之卦。每卦九十年。十六氣之卦。每卦六十年。與挨甲子輪排者。自不同也。

地理辨正補卷之五終

地理辨正補卷之六

桐鄉朱　蓴小鶴著

客窗偶筆

平陽有七忌一忌居中立穴平陽之氣出於邊角邊角處非近水即為溝洫低田其地虛虛則能受實含生意若居中則四面平坂名為死土氣從何受且犯中宮五黃之局斷不可穴一忌遠水立穴平陽以得水為生失水為死遠水安墳真氣不接即為死地惟水太大宜遠水注光近則穴不能受反足致災故大洋

之旁以藏爲貴藏則氣聚也一忌高築墳圍凡山脈之氣行於土皮之下穴宜深取不深則氣不貫棺乎陽之氣行於土皮之上但宜築基培封中高旁低使四面通暢以受陽和若高築羅城阻絕外氣壅水入棺屍必速朽雖遇好穴亦不能獲福一忌河路直長處立穴凡水曲則動而有情直則生氣盡瀉故必抽出枝條凸出邊角方爲氣注之處直長走泄穴之絕入一忌順水立向水之氣有進有退逆水爲進順水爲退是故朝來水坐去水爲平陽立穴之要領凡去

水停蓄。見白回光返照仍作來論。以水雖去而光自留注也。世之講三元者。專論水之得運失運。不問來去。竟有向順水立局者。豈知順水爲退氣再加直出。泄盡無餘。有不令人敗絕耶。一忌塡塞水道。水通則氣至。有生生不息之機。一經塡塞。則氣耗而生意絕矣。不特陰地如此。凡鄉村城郭。處處皆然。來水塡塞氣即不到。當面塡塞。氣即不注。總以溪流通暢環抱交鎖爲尚。一忌近墳穿鑿。祖父墳塋歷年久遠俱宜聽其自然。若因子孫之時命有順逆。而於墳旁亂掘

溝池妄思邀福必致損傷生氣禍不旋踵此理之所固然者凡此諸忌知而不犯則避凶即以趨吉好處自在當前可不求而得矣

古人立言必發前人所未發不肯隨聲附和山以形勢爲主賴公只論方位天星而不及形勢者以九星正副變化楊廖已言於前不必再置喙也若舍棄形勢空言理氣陰貴陽賤適足以害人誣世耳惟熟悉形勢再合時運方位始於地理眞機絲絲入扣近沈氏地學一書於尋龍定穴諸法言之最精余深服膺其

說

葉九升地理大成執定死殺方位不明體用以翻卦天定地母卦爲挨星其法取乾艮坎震自左至右橫列在下兌坤巽離自右至左橫列於上中起中落弦起弦落自詡元妙另易三式又若李國木大全徐之鏌頂門針各書均不離雙山三合中針縫針納甲納音陰貴陽賤諸說變亂五行悉屬誕謬至直指元眞尤爲任意誣妄夫陽生陰死有一定之理無一定之氣惟氣無定故法亦無定惟理有定故法之無定者實

又有其一定不易之道存焉彼三合生旺左旋右旋死守方位牢不可破是屈理與氣以強就我法此楊蔣諸賢所由深闢其訛學者不可不明辨也

三合家以元運爲術士好奇妄說謂上中下三元一四七乃其年入中之一星竟以此星定六十年衰旺譬以元旦一日之吉凶定一歲三百六十日之吉凶决爲理所必無此通德類情沇亮功之論也夫元旦一日之吉凶誠不可以定一歲之吉凶然太歲干支司一歲之合神煞之吉凶皆依太歲而定三元九宮紫

白入中之星。實本黃帝征蚩尤以七赤入中。代太歲之職。取以火制金之義。則三元一四七領局之星。即歲也。非元旦也。六十年之衰旺。有不因是而定者乎。使沈氏知元運一四七領局之星。即是太歲應亦自悔其說之非矣

心庵范氏地理辨訛。斥納甲。納音。三合。雙山。宗廟。洪範四經。元空。諸五行。爲變亂正理。具見卓識。然中針。縫針。穿山。透地。挨星。翻卦。元運生剋。差錯空亡。龍局貴賤。天星垣宿諸謬說。係李國木徐之鎮葉泰諸人。不

分黑白以訛徵訛依託楊吳廖賴之名以誣世范氏不辨竟斥楊筠松為誕妄並以天玉經青囊序及奧語為離形勢而言理氣夫天玉青囊三大卦係專論地盤出脈胎息來源經緯斜正清純駁雜句句是言形勢巒頭未嘗空言理氣也范氏不得其旨謂羅經不應再加八干四維亂十二支夫六陰六陽之位豈知內盤之分分於卦氣卦有三爻故分三位而一卦三爻之氣以清外盤之分分於宮辰每宮一月月有消長故分前後而每宮消長之氣亦清二十四位有位

無名。名不另立。故卽取干支卦名以分別之。位分八方。方分三八。非此不足以盡地理之用。范氏高談周孔羲文。欲以壓倒前賢。而其要畧中言龍局。論砂水謂葉泰平陽串。亦簡明可法。是范氏於地理眞機固茫乎未之有得。無怪其於楊筠松之理氣而亦爲痛詆也。顧舉世汨於五行變亂之中。獨能不爲所惑。詳辨其非。雖見知未的。言有過當。亦可謂加人一等矣。

或謂講巒頭必不合理氣。故周景一先生山洋指迷以巒頭爲重理氣爲輕。而不知非也。夫理寓於氣。氣囿於形觀形可以知氣因氣可以明理未有離巒頭而可言理氣亦未有無理氣而可言巒頭者術家不能體認形勢舍精神氣槩性情三者而但求之方位之間分之爲陰龍陽龍眞落僞落竟將方位生氣揑成死法而名之曰理氣是生氣已失形勢又失尚有何氣何理之可言耶無氣無理而徒執生旺墓方位謂之理氣宜其不合巒頭此周氏所由直斥之曰理氣爲輕也夫五行不全不能成物地之爲道水以氣行火以形著一升一降必借金木爲道路重岡複嶺五

形錯綜。一陽陷於二陰爲坎。坎以無形之氣潛行地中。爲萬物受命之始。生生不息之根。一陽初動。始生於水。發用於火。昭布於木。搆精於金。歸藏於土。名雖有五。實則一氣之所流轉。其成形成象。如人之有耳目口鼻。巒頭也。耳司聽而不能凸。目司視而不能竅。口司味而不能竪。鼻司臭而不能横。理氣也。卽巒頭也。耳聾目盲口鈌鼻折。爲形相不全者有之。未有耳凸而司視。目竅而司聽。口竪而司臭。鼻横而司味者。是故眞理氣自然合巒頭。眞巒頭自然合理氣。周氏在於越所定山洋諸穴深合理氣惟不合生旺墓方位之理氣可見周氏深悉理氣作用特難以顯告世人故指迷一書專言巒頭於開面地步分斂仰覆向背合割諸法剖析入微有覆鵝毛仰鵝毛寬牽線急牽線之喻而未嘗露出配穴眞機收光照影宿度生尅先後卦氣之法此先賢愼密之意世人不知即認理氣爲輕抑何謬哉

楊盤一式以坤壬乙上起巨門甲癸申子起貪狼已足誤世蔣盤亦同此式乃後人所增也後人復揑造坤壬乙未卯五位

巨門星乾亥巽辰巳。連戌武曲名諸僞訣。豈知青囊奧語。坤壬乙巨門從頭出一節。姜註已明言坤壬乙非盡巨門。而與巨門爲一例。艮丙辛非盡破軍。而與破軍爲一例。巽辰亥非盡武曲。而與武曲爲一例。甲癸申非盡貪狼。而與貪狼爲一例。蓋隨舉四局。挨著巨破武貪四星。或在干之父。或在干之母。或在干之子孫。此十二字。均非字字著實。何又於十二字外。妄加十二字。坤壬乙未卯。寧有死殺爲巨門之理乎。范宜賓之挨星圖訣。亦知坤壬乙非盡巨門。但言水不言龍。是欲言而仍復錮秘之。徒滋後人疑義。不足爲典要也。

堪輿家立說著書。各分門戶。三合元運。勢難合一。近有爲調停兩可之論者。謂三合元運。未嘗不合。諦觀其書。所云三合。乃時師所傳生旺墓之三合。非斗綱三合。三統三合。龍向水三合。即元運亦非歲差斗建先天卦氣之大元運。乃乾坤法竅人冊諸圖之元運。雲閒邪止所傳中陽子心法。以中爻爲父母。旁爻爲子息。夾宮爲差錯。諸法專取三吉。不明元辰。強合寶照天玉不知易元牽引陰陽律呂等書天德月德務爲穿鑿如謂江東江西卦其源本於天地江東卦自左向右配天左行江西卦自右向左配地右行是江東有天而無地江西有地而無天有是理乎種種訛解由不知先天配合元辰交媾固無容深辨第世人好異喜新或奉爲金科玉律故論及之

近有刻歸厚錄天元五歌并餘義鄭氏蕉窗問答辨闢挨星僞訣實爲蔣氏功臣但改竄前賢字句殊失虛山眞面水龍圖局一六四九未知配合不悉左右原

因近水定局不論形勢聚散經緯斜正砂之美惡水之蓄洩專言三吉以爲趨旺若依此法立穴則欹斜犯殺立見消亡其害人也尤鉅且不諳星學不知歲差量天尺后箕四入丑較之現在箕一實差三度半綱九氣下行於地九星懸朗七曜周旋此鬼臾區答黃帝問五運主時之語也九章八卦相爲表裏由來已遠乃謂以九宮配九曜其說不經夫北斗九星以應九州本出漢書王伯厚註九星即九紀逸周書小開武篇劉向九歎曰訊九魁與天神註九魁北斗九

星也北斗魁第一星神名曰執陰第二星曰叶詣第三星曰視金第四星曰洰理第五星曰防牛第六星曰開寶第七星曰搖光第八星曰招搖第九星曰元戈是星之有九疊見傳記特其名與堪輿家異耳廖氏曰堪輿家取九星之名曰貪狼巨門祿存文曲廉貞武曲破軍左輔右弼蓋從道家之說其分卦以定吉凶不過借爲隱語以配八山之名故蔣氏註寶照謂九宮卦例以一白配貪狼二黑配巨門三碧配祿存四綠配文曲五黃配廉貞六白配武曲七赤配破

軍八白配左輔九紫配右弼為天玉經元空大卦之定理此以見斗為帝車運於中央臨制八極建時移度旋斡坤輿所謂地德上載天光下臨也安得以古無九星之說而貿然闢之

元運之說古人所秘蔣氏指出後其弟子又各秘其辭不肯盡泄後人稍有所聞見路遇夫婦乘元借氣之局覆斷興衰亦能倖中輒自負得訣於是就沖射斂斜之水指為催運速發取以害人實則不識元辰不知三卦不明先天卦氣是為舍體言用天下豈有無

體而可以為用之地理乎。夫陽生於坎。發用於離。冬至一陽生至九夏而盛暑。陰生於離。發用於坎。夏至一陰生至三冬而大寒。觀於時序之遷移。而水火之代謝。昭然可見矣。山川人物皆水火生化之機也。火一本而萬殊。一星之火可以燎原。故山勢披紛閃爍愈分而愈多。水殊途而同歸。一勺之水。必然入海。故百川會聚朝宗。愈合而愈大。山欲其分。分則氣清。水欲其合。合則氣聚。一闢一闔。至理存焉。是以地之美惡。全在形勢。乃不問經緯之邪正。形局之吉凶。惟翦取一節三吉之水。郎謂當旺必發。又揑造九宮圖局等書。互相傳述。妄配卦象。一似易經專言地理者。豈蔣氏而出此。顧當時親炙門牆者。未必人皆上知。學焉而得其性之所近。不能不墮於一偏。子夏之後流爲莊周。荀卿之學。出於商瞿。其源則同。其流弊必致歧途百出。後人私淑。聞言輒信。淺試輕嘗。能無貽悞耶。

墳墓之榮枯。原有至理。故可望而知。世人以訛傳訛。指鹿爲馬。或以邀截爲正穴。或以假局爲眞龍。魚目混珠。碔砆亂玉。況又有八方辨易。收山光透地靈鬼靈經諸書。幷先天神數九宮一算觀枚觸機五黃值向值年等法。足以聳動人聽。實於地理眞機。百無一合即專論三元。於水神生死。可知興廢。至出洋眞結脫劫大地。及變局反運諸穴。便瞠目不知。山龍則仍講水運。不審形勢向背去來。是以有挨星覆舊靈。作墳不應之誚。地理至今日。偽書雜出。異學爭鳴。所見異辭。所聞異辭。所傳聞又異辭。不得眞師指授。幾於無門可入矣。然得師指授。又須臨地純熟。火候到。方能領會。蓋形家全在形局。形局全憑眼界。若目力未到。則識見未開。山川之靈。未易神悟。縱竭力盡心。引繩就墨。以求合度。亦如揑目生花。終無是處。古人名蹟。共知其發富發貴發丁。而卒莫知其所由發。更有坐山凹低田。砂水飛揚反背。無近身護衛。如賴公掛鐘形之類。羣駭其怪。實則本未嘗怪。人自不識山川之氣聚精神情性耳。昔人有言。北方有水。飲之生瘿。有自南方來者。羣駭其無瘿。而以爲有疾。此言雖謔。切中其病。余自究心以來。讀書十年。遊學十年。閱歷十

年。始知推求其是。印証其非。若徒向書卷中求之筌

蹄糟粕。有何益哉。

地理辨正補卷之六終

跋

堪輿之學。通於神明。非窮理不足以造極。非造極不可以應世。古今來形家之書。紛如聚訟。因入門之趣。各有不同。遂至曲徑旁蹊。荆棘錯出。夫古人立法。本皆出於愛人。後世依而行之。又無一不足以害人者。此豈盡法之過哉。亦俗學諸書之有以誤之也。雲間蔣氏有辨正一書。闢僞存眞。倡言救世。讀其書者。以辭害志。徒知僞得之中有眞失。不知眞得之中有眞失。徒知僞是之中有眞非。不知眞是之中有眞非。專尚三元。舍體言用。自誤誤人。卒與讀俗學。諸書無以異。余滋懼焉。于是有辨正補之作。推闡陳言。獨抒心得。增其所未備。暢其所已言。要使究心地理者。不至執木偶而問津。向畫圖而索驥。是則區區之妄念也。噫吁。天地雖大一氣之形上形下焉耳。古今雖遠。一氣之流行代謝焉耳。造化無心。因物付物。惟得其意於語言象數之外。以默契生天生地成古成今之理。則固自有發現昭著者。不特辨正無庸補。即辨正亦無庸讀矣。若曰道以言而益晦。言以多而益迷。此俗學疑似造作之詞。豈余補辨正之心哉。

破帽殘衫到處遊。圖經子史細冥搜。形書萬卷惟三極。術數千家盡九疇。冰雪消融花傍砌。雲霾斂淨月當樓。隨時露出眞機趣。鳥自高飛水自流。

悟到生成象帝先。阿誰解此箇中元。人皆罔罔悲無識。我獨涼涼契昔賢。日麗風和新歲月。花明鳥媚舊山川。豐干饒舌誠多事。萬物如如性自全。

魚鹿風塵日未遑。卅年仍是舊行藏。依人自古無成事。濟世於今有異方。猋犢篠驂嗤澀病。蛇神牛鬼貯奚囊。言堪共喻斯垂後。莫訝鴻冥鶴又翔。

石破天驚雨逗秋。狂瀾既倒砥中流。鑿通混沌徵明淨。粉碎虛空徹隱幽。萬里歸來塵撲面。千金散去雪盈頭。吾衰久矣年難假。汲古方知綆愈脩。

覆閱舊稿漫題四律小鶴記

跋

青雷赤電久已仙。杜陵絕學誰氏傳。亂書雜出圖訣僞。夢囈無乃夜不眠。梧桐鄉裏致不惡。語水瀠洄流涓涓。中有幽人住茅屋。研朱點易忘窮年。自昔已聞青烏秘。後更遊歷名山川。元機識破本簡易。索隱行怪眞徒然。憫世紛紛習地學。三元三合均墜偏。出奴入主各樹幟。到頭不識皆瘋顛。鴻飛冥冥弋何篡。茫茫墜緒將不延。(謂蔣氏之傳)　先生獨力補辨正。大聲闢謬泄眞詮。翻卦八宮生旺墓。指斥元運謅前賢。專重巒頭輕理氣挨星僞訣空糾纏。三合三元有强合。捏造圖局書雕鐫。眞贋不分本原昧。專尙天運局不全。徵信覆舊有何益。力掃衆說同雲烟。安得洗淨人腸胃。至訣共喻心無愆。嗚呼。安得至訣人共喻。大地種滿同心蓮。

語溪方岳介邱氏拜識

編號	書名	作者	說明
占筮類			
1	擲地金聲搜精秘訣	心一堂編	沈氏研易樓藏稀見易占秘鈔本
2	卜易拆字秘傳百日通	心一堂編	
3	易占陽宅六十四卦秘斷	心一堂編	火珠林占陽宅風水秘鈔本
星命類			
4	斗數宣微	【民國】王裁珊	民初最重要斗數著述之一；未刪改本
5	斗數觀測錄	【民國】王裁珊	失傳民初斗數重要著作
6	《地星會源》《斗數綱要》合刊	心一堂編	失傳的第三種飛星斗數
7	《斗數秘鈔》《紫微斗數之捷徑》合刊	心一堂編	珍稀「紫微斗數」舊鈔秘本
8	斗數演例	心一堂編	
9	紫微斗數全書（清初刻原本）	題【宋】陳希夷	斗數全書本來面目；有別於錯誤極多的坊本
10－12	鐵板神數（清刻足本）——附秘鈔密碼表	題【宋】邵雍	無錯漏原版 秘鈔密碼表 首次公開！
13－15	蠢子數纏度	題【宋】邵雍	蠢子數連密碼表 打破數百年秘傳 首次公開！
16－19	皇極數	題【宋】邵雍	清鈔孤本附起例及完整密碼表 研究神數必讀！
20－21	邵夫子先天神數	題【宋】邵雍	附手鈔密碼表 研究神數必讀！
22	八刻分經定數（密碼表）	題【宋】邵雍	皇極數另一版本；附手鈔密碼表
23	新命理探原	【民國】袁樹珊	子平命理必讀教科書！
24－25	袁氏命譜	【民國】袁樹珊	
26	韋氏命學講義	【民國】韋千里	民初二大命理家南袁北韋
27	千里命稿	【民國】韋千里	
28	精選命理約言	【民國】韋千里	北韋之命理經典
29	滴天髓闡微——附李雨田命理初學捷徑	【民國】袁樹珊、李雨田	命理經典未刪改足本
30	段氏白話命學綱要	【民國】段方	民初命理經典最淺白易懂
31	命理用神精華	【民國】王心田	學命理者之寶鏡

編號	書名	作者	說明
32	命學探驪集	【民國】張巢雲	稀見民初子平命理著作 發前人所未發
33	澹園命談	【民國】高澹園	
34	算命一讀通——鴻福齊天	【民國】不空居士、覺先居士合纂	
35	子平玄理	【民國】施惕君	
36	星命風水秘傳百日通	心一堂編	
37	命理大四字金前定	題【晉】鬼谷子王詡	源自元代算命術
38	命理斷語義理源深	心一堂編	稀見清代批命斷語及活套
39－40	文武星案	【明】陸位	失傳四百年《張果星宗》姊妹篇 千多星盤命例　研究命學必備
相術類			
41	新相人學講義	【民國】楊叔和	失傳民初白話文相術書
42	手相學淺說	【民國】黃龍	民初中西結合手相學經典
43	大清相法	心一堂編	重現失傳經典相書
44	相法易知	心一堂編	
45	相法秘傳百日通	心一堂編	
堪輿類			
46	靈城精義箋	【清】沈竹礽	沈氏玄空遺珍 玄空風水必讀
47	地理辨正抉要	【清】沈竹礽	
48	《玄空古義四種通釋》《地理疑義答問》合刊	沈瓞民	
49	《沈氏玄空吹虀室雜存》《玄空捷訣》合刊	【民國】申聽禪	
50	漢鏡齋堪輿小識	【民國】查國珍、沈瓞民	失傳已久的無常派玄空經典
51	堪輿一覽	【清】孫竹田	
52	章仲山挨星秘訣（修定版）	【清】章仲山	章仲山無常派玄空珍秘 門內秘本首次公開 沈竹礽等大師尋覓一生末得之珍本！
53	臨穴指南	【清】章仲山	
54	章仲山宅案附無常派玄空秘要	心一堂編	
55	地理辨正補	【清】朱小鶴	玄空六派蘇州派代表作
56	陽宅覺元氏新書	【清】元祝垚	簡易・有效・神驗之玄空陽宅法
57	地學鐵骨秘　附　吳師青藏命理大易數	【民國】吳師青	釋玄空廣東派地學之秘
58－61	四秘全書十二種（清刻原本）	【清】尹一勺	玄空湘楚派經典本來面目 有別於錯誤極多的坊本

62	地理辨正補註　附　元空秘旨　天元五歌　玄空精髓　心法秘訣等數種合刊	【民國】胡仲言	貫通易理、巒頭、三元、三合、天星、中醫
63	地理辨正自解	【清】李思白	公開玄空家「分率尺、工部尺、量天尺」之秘
64	許氏地理辨正釋義	【民國】許錦灝	民國易學名家黃元炳力薦
65	地理辨正天玉經內傳要訣圖解	【清】程懷榮	秘訣一語道破，圖文并茂
66	謝氏地理書	【民國】謝復	玄空體用兼備、深入淺出
67	論山水元運易理斷驗、三元氣運說附紫白訣等五種合刊	【宋】吳景鸞等	失傳古本《玄空秘旨》《紫白訣》
68	星卦奧義圖訣	【清】施安仁	三元玄空門內秘笈　清鈔孤本　過去均為必須守秘不能公開秘密　與今天流行飛星法不同
69	三元地學秘傳	【清】何文源	
70	三元玄空挨星四十八局圖說	心一堂編	
71	三元挨星秘訣仙傳	心一堂編	
72	三元地理正傳	心一堂編	
73	三元天心正運	心一堂編	
74	元空紫白陽宅秘旨	心一堂編	
75	玄空挨星秘圖　附　堪輿指迷	心一堂編	
76	姚氏地理辨正圖說　附　地理九星并挨星真訣全圖　秘傳河圖精義等數種合刊	【清】姚文田等	蓮池心法　玄空六法　門內秘鈔本首次公開
77	元空法鑑批點本——附　法鑑口授訣要、秘傳玄空三鑑奧義匯鈔　合刊	【清】曾懷玉等	
78	元空法鑑心法	【清】曾懷玉等	
79	蔣徒傳天玉經補註	【清】項木林、曾懷玉	
80	地理學新義	【民國】俞仁宇撰	揭開連城派風水之秘
81	地理辨正揭隱（足本）　附連城派秘鈔口訣	【民國】王邈達	
82	趙連城傳地理秘訣附雪庵和尚字字金	【明】趙連城	
83	趙連城秘傳楊公地理真訣	【明】趙連城	
84	地理法門全書	仗溪子、芝罘子	巒頭風水，內容簡核、深入淺出
85	地理方外別傳	【清】熙齋上人	巒頭形勢、「望氣」「鑑神」
86	地理輯要	【清】余鵬	集地理經典之精要
87	地理秘珍	【清】錫九氏	巒頭、三合天星，圖文並茂
88	《羅經舉要》附《附三合天機秘訣》	【清】賈長吉	清鈔孤本羅經、三合訣法圖解
89-90	嚴陵張九儀增釋地理琢玉斧巒	【清】張九儀	清初三合風水名家張九儀經典清刻原本！

編號	書名	作者	說明
91	地學形勢摘要	心一堂編	形家秘鈔珍本
92	《平洋地理入門》《巒頭圖解》合刊	【清】盧崇台	平洋水法、形家秘本
93	《鑒水極玄經》《秘授水法》合刊	【唐】司馬頭陀、【清】鮑湘襟	千古之秘，不可妄傳匪人
94	平洋地理闡秘	心一堂編	雲間三元平洋形法秘鈔珍本
95	地經圖說	【清】余九皋	形勢理氣、精繪圖文
96	司馬頭陀地鉗	【唐】司馬頭陀	流傳極稀《地鉗》
97	欽天監地理醒世切要辨論	【清】欽天監	公開清代皇室御用風水真本
三式類			
98－99	大六壬尋源二種	【清】張純照	六壬入門、占課指南
100	六壬教科六壬鑰	【民國】蔣問天	由淺入深，首尾悉備
101	壬課總訣	心一堂編	過去術家不外傳的珍稀六壬術秘鈔本
102	六壬秘斷	心一堂編	
103	大六壬類闡	心一堂編	
104	六壬秘笈——韋千里占卜講義	【民國】韋千里	六壬入門必備
105	壬學述古	【民國】曹仁麟	依法占之，「無不神驗」
106	奇門揭要	心一堂編	集「法奇門」、「術奇門」精要
107	奇門行軍要略	【清】劉文瀾	條理清晰、簡明易用
108	奇門大宗直旨	劉毗	天下孤本　首次公開 虛白廬藏本《秘藏遁甲天機》
109	奇門三奇干支神應	馮繼明	
110	奇門仙機	題【漢】張子房	奇門不傳之秘　應驗如神
111	奇門心法秘纂	題【漢】韓信（淮陰侯）	
112	奇門廬中闡秘	題【三國】諸葛武侯註	
選擇類			
113－114	儀度六壬選日要訣	【清】張九儀	清初三合風水名家張九儀擇日秘傳
115	天元選擇辨正	【清】一園主人	釋蔣大鴻天元選擇法
其他類			
116	述卜筮星相學	【民國】袁樹珊	民初二大命理家南袁北韋
117－120	中國歷代卜人傳	【民國】袁樹珊	南袁之術數經典